中国博士后科学基金面上资助项目成果（项目号：2015M582318）

石油区域物流中心构建与运行研究

刘璠　著

WUHAN UNIVERSITY PRESS
武汉大学出版社

图书在版编目(CIP)数据

石油区域物流中心构建与运行研究/刘璠著. —武汉: 武汉大学出版社,2015.12

ISBN 978-7-307-17438-2

Ⅰ.石… Ⅱ.刘… Ⅲ.石油—物流—物资管理—研究 Ⅳ.F252

中国版本图书馆 CIP 数据核字(2015)第 302021 号

责任编辑:李　程　　责任校对:汪欣怡　　版式设计:马　佳

出版发行: **武汉大学出版社** (430072 武昌 珞珈山)

(电子邮件: cbs22@ whu. edu. cn 网址: www. wdp. com. cn)

印刷:武汉中远印务有限公司

开本: 720×1000 1/16 印张:8.25 字数:139 千字 插页:2

版次:2015 年 12 月第 1 版 2015 年 12 月第 1 次印刷

ISBN 978-7-307-17438-2 定价:29.00 元

目　　录

第一章 绪　　论

第一节 问题的提出与研究意义

根据我国的相关部门统计，在我国，石油销售企业作为物流费用占用最多的企业之一，每年要耗费1000亿元以上在物流领域，这样算来，如果全国石油销售企业的物流费用下降1%，就可以节省10亿元。但是由于我国石油企业属于垄断行业，其物流运作受行政区域划分限制、利益集团企业边界限制，石油销售企业的物流运作情况仍然表现出低效率、高耗费这样一种令人担忧的状况。然而随着经济的不断发展，企业的外部环境也在不断变化。近年来，无论是理论界还是实践界，有关石油区域物流中心的理论和实践十分活跃。但纵观这些理论与实践，人们对石油区域物流中心的产生机理、构建与运作模式、信息平台构建以及运作绩效的评价研究还很薄弱，而这恰恰是区域石油企业科学地开展石油区域物流中心活动的理论基础和依据。因此，本书以石油区域物流中心为研究对象，研究的目的在于分析和研究石油区域物流中心的产生机理，深入分析石油区域物流中心的构建与运作过程，提出石油区域物流中心的运作模式，为其构建信息平台，明确石油区域物流中心运作的绩效评价方法与指标体系。

首先，以石油区域物流中心的构建与运行模式为研究对象具有很强的理论意义。石油物流体系是一个复杂而又巨大的系统，区域物流中心的构建可以很大程度上优化石油企业中常见的物流资源分散、“大而全”、“小而全”，“诸侯割据，自成体系”的局面，避免各石油企业只考虑一己私利，而破坏整个行业总体利益的现象，将所有石油企业整合到一起，采取统一采购、统一仓储，统一运输，避免资源同质浪费。该模式的研究有助于提高现有石油企业适应市场、把握市场机遇的能力以及获得长久的竞争力。因此，有关石油区域物流中心的研究已成为物流界研究的重点之一。本书正是在这种背景下，把分析探索石油区域物流中心运作的合作机制、运作模式当作核心目的，希望尽自己的绵薄之力深化有关石油区域物流中心的理论体系，为石油区域物流中心健康发展提供智力支持。

其次，在同质性产品竞争的环境下，对石油区域物流中心进行研究具有很强的实践意义。目前的石油企业和物流服务组织的设立相对隔绝，相互之间的工作交流非常被动。例如，传统的采购、仓储、流通等物流部门相互之间彼此独立，没有形成一个整体的物流概念。例如，企业的采购部门不知道自己需要采购多少原材料，只能等到资源需求计划下来之后才能进行采购；而供应链末端的销售部门，只能通过自己的主观判断来预测需求量，导致形成牛鞭效应。石油区域物流中心通过整合物流领域各个功能，对物流服务部门进行统一管理，统筹管理物流领域的各个环节，实现整体最优化的目标，在提高物流服务效率的背景下还提升了其服务质量。通过资源更有效的配置，以及制订更加合理的运输计划，按照地理位置的不同，把全国的石油企业分成几个大的区域，例如华北、华南等，然后在每个区域内部整合所有物流相关的资源，实现整体物流成本最低的目标。所以，我们需要认清石油区域物流中心的运作模式，从宏观角度去分析、认识石油区域物流中心运行的全过程，提出创新性的石油区域物流中心管理见解和建议，并以此来指导企业的实践。

第二节　国内外研究综述

一、关于石油物流体系运作的研究

石油物流是指从石油开发之后开始，按照不同需求，将传统物流的仓储、运输等各个环节进行有效整合，从而将石油从供应地输送到消费者手中的全过程。

（一）石油仓储的研究

1. 仓储物流

仓储用于供应链中原材料、成品、半成品等货物的存放、保管，并且实时跟踪货物的存储状态等相关信息。

杜小好在《浅谈现代化仓储管理》一文中提出，区别于传统物流当中的仓储管理，现代物流中的仓储是在供应链整合一体化的背景下应运而生的，是现代仓储，即仓储物流（Warehousing），它表示一项活动或一个过程，运用现代化的信息技术，对于传统仓储管理中的进出库、保管、加工等环节进行信息化的管理和控制，来满足整条供应链的货物存储需求①。

现代仓储物流在发达国家起步较早，发展也已经很成熟。在现代物流领域，美日作为现代物流的先驱者，走在现代物流领域的最前沿，欧洲现代物流虽然起步较美日稍晚，但是发展也很迅速。现代仓储物流首先最重要的还是仓库的选址、机器的配置和运输的安排等问题。但是由于我国仓储工厂质量良莠不齐，国内对于现代仓储物流的研究较少。国外的学者对此作了相关研究，Richard Muther 在《系统布置设施》这本书中首次提出了一种有效的布置方法，即作业单位相互关系密级表示法，该方法以通过大量的分析图标而不是单纯的定量分析，将物流关系和其他相关关系合并在一起，最后得到一个最优化的设施布置方案②。日本的铃木震先生倡导以订单品项数量分析手法（EIQ）来对物流中心进行全方位的布置与规划，考虑到物流中心的外部环境的不确定性很大，因此按照物流中心设置的意义进行实地考察和规划，通过了解最真实的物流运作状态，再结合储存货物的特征信息以及运输的便利性等，来有效地规划实际意义上的物流中心系统。在这方面我国学者的研究还很少，冯芬玲等人（2012）基于改进的 SLP 法，对铁路物流中心功能区布局方法进行了研究③。随后，戴韬等（2012）建立了基于分类随机存储最少拣货时间的货位优化模型，并利用遗传算法对该模型求解④。

在研究三维立体仓库时，仓库的库位规划以及货位摆放显得更加重要，因为其直接影响到整个仓库的运转效率。因此，Nishi 通过对客户货物存储位置进行优化，并给每位客户一个货物接收和检索的顺序，以此来减少重复装卸作业的数量⑤。Hsieh 和 Tsai（2001）提出了面向 BOM 基于分

---

① 杜小好：《浅谈现代化仓储管理》，载《现代工业经济和信息化》2012 年第 10 期。

② Richard Muther：Systematic Layout Planning. CBI Publishing Co Inc，1973.

③ 冯芬玲、景莉、杨柳文：《基于改进 SLP 的铁路物流中心功能区布局方法》，载《中国铁道科学》2012 年第 2 期。

④ 戴韬：《基于分类随机策略的立体仓库货位优化研究》，载《技术与方法》2012 年第 9 期。

⑤ Nishi T，Konishi M：An Optimisation Model and Its Effective Beam Search Heuristics for Floor-storage Warehousing Systems. International Journal of Production Research，2010（7），pp. 1947-1966.

类的库位分配方法①。Avicon 从公司层面分析 EPC 标准在企业仓储管理中可能存在的问题和挑战，同时针对分布式数据管理提出了自己的看法，也通过利用 ONS 技术基于互联网通信信息技术来研究将 RFID 技术运用到企业层面的可行方案②。国内，吴璟等（2011）认为货位布局合理与否对拣选作业效率有重要影响。文中综合路径、周转率和拣货成本系数等重要指标数据构造出一个数学模型，即货位优化的线性规划数学模型，在货位优化的落实过程中会使用到贪婪算法，最终实现实施的货位优化可以在较短的时间内较大地提升拣选效率③。刘金平等（2005）则对存储特征号码的库位分配法进行了研究④。张仰森等（2010）从重量均匀分布、货位就近选择、货物品种分布、使用率、货位空置时间等因素，提出货位分配的综合优化算法⑤。邓爱民等（2013）以医药为例，考虑自动化立体仓库货物移动前后的相关数据的有效记录，以及货物出入库效率高，相似货物摆放一起，货物移动距离最短三个因素，构建了基于时间的货位优化多目标模型，利用遗传算法有效地实现自动化立体仓库货位优化⑥。

由于我国工矿企业仓库管理水平相对比较落后，管理人员的素质不高，因此还是使用的最原始的顺序排列方式，便于查找和管理，因此我国学者对此的研究也很少，但是银光球等人（2001）通过建立数学模型对库位的选择进行了优化，从而达到成本最小的目的⑦。

在存取线路在算法，也就是旅行者问题的研究中，目前研究比较深入

---

① Hsieh S, Tsai K. C: AROM Oriented Class Based Storage Assignment in an Automated Storage Retrieval System. International Journal of Advanced Manufacturing Technology, 2001 (7), pp. 683-691.

② Young bong, Kim, Keunhyuk Yeom: A Framework for Rapid Development of RFID Application. Department of Computer Engineering, 2010 (5), pp. 18-31.

③ 吴璟、苏强:《基于路径、周转率、拣货成本系数的线性规划在货位优化中的应用》，载《中国高新技术企业》2011 年第 13 期。

④ 刘金平、周炳海、奚立峰:《在线自动化立体仓库的库位分配方法及其实证研究》，载《工业工程与管理》2005 年第 1 期。

⑤ 张仰森、刘安宇:《智能化立体仓库入库货位分配的综合优化算法》，载《计算机科学》2010 年第 12 期。

⑥ 邓爱民:《基于时间的自动化立体仓库货位优化模型研究》，载《中国管理科学》2013 年第 12 期。

⑦ 银光球、何福英、盛冬发:《自动化立体仓库中库位优化模型研究》，载《福建工程学院学报》2006 年第 3 期。

的有模拟退火算法方法，在 G. Mosheiov（1994）的研究中，开发出了基于 Monte Carlo 提出的迭代求解策略的一种更加优化的随机寻找最优的计算方法①。接着，又出现了禁忌搜索，Tali Eilam Tzoreff，Daniel Granot（2002）认为其是一种亚启发式搜索技术，进而形成一套完整算法，它是对局部邻域搜索的一种扩展，p 法和遗传算法等也相继提出②。卫三军（2011）采用层次分析法评价调度组合，结合遗传算法和模拟退火算法，建立货位分配优化和堆垛机路径优化模型，并对其进行了求解③。

从以上综述可以看出国内外对于仓储物流的研究，大多集中在仓储的库存与分拣上，对这两项作业进行优化。多数学者是对大物流系统中的仓储物流作了一个局部的技术化研究，而鲜有将仓储物流作为大的物流系统中的分系统来进行整体分析的。

2. 石油仓储物流

目前，虽然国内石油仓储公司纷纷建立，按照其功能分类，石油仓储物流属于第三方物流，其客户可以将石油化工品储存到油罐内，按照约定收取仓储费。

（1）石油仓储物流的功能。

张网宽（2007）认为石油仓储物流作为第三方物流，为供应链中的首尾两端提供专业化的物流服务。第一是为供应链末端的消费者提供产品配送服务，基本上都是石油类的产成品和衍生产品；第二是为供应链上游的生产制造型企业提供原材料的配送以及半成品和中间产品的配送服务。

他认为除了提供上述传统的物流服务，石油仓储物流还为顾客提供了供应链增值服务，通过与客户的长期合作形成战略合作伙伴，而不是单纯的买卖关系，从而替客户承担外部环境的不确定性所带来的风险④。

（2）石油仓储物流企业的分类。

陈辉（2008）在《浅议成品油仓储设施整合对区域经济的影响》一文

---

① G. Mosheiov：The Traveling Salesman Problem with Pick-up and Delivery. European Journal of Operational Research，1994（2），pp. 299-310.

② Tali Eilam Tzoreff，Daniel Granot：The Vehicle Route Problem with Pick up and Delivery on Some Special Graphs. Discrete Applied Mathematics，2002（8），pp. 193-229.

③ 卫三军：《自动化立体仓库作业优化与监控技术研究》，东华大学硕士学位论文，2011 年。

④ 张网宽：《建立石油仓储物流品牌的战略研究》，上海交通大学硕士学位论文，2007 年。

中，对石油仓储物流企业进行了分类，他认为石油仓储物流企业主要分为三种，前面两种都是混合型的企业，并不是单纯的仓储物流企业，还兼顾贸易或者生产，最后一种是纯粹的第三方商业石油仓储物流企业①。

（3）石油仓储物流企业客户的定义。

陈静华（2012）认为一般企业的客户指的就是购买该企业的产品或服务的单位或个人。但是在我国由于石油的特殊性，属于垄断性产品，因此不是社会上所有的个人或单位都可以成为石油仓储物流企业的客户，它特指我国的石油化工产业中某些特定的组织或单位②。

在实际操作中，我国石油化工企业也开始积极寻找合理有效的方法来降低物流运行费用，同时大力提升企业运作效率。例如中石油在上海建设的目前国内最大的石油仓储中心——上海洋山港巨型石油仓储基地。我国物流企业将逐渐地关闭大量中小型油库，大幅扩容中心油库，同时学习西方先进的仓储布局经验，对国内石油仓储进行有效整合，提高总体运行效率。

（二）石油运输与配送的研究

1. 物流配送

马向国（2014）认为物流配送是一种按照客户的要求，对商品进行流通加工，最终送到顾客制定的目的地的现代化物流服务活动③。我国学者对物流配送的研究大部分集中于配送线路的合理规划、配送中心的选址问题等。

刘昌祺（2013）在其研究中，大量地使用表格和图形等直观的表现形式，通俗易懂地阐述了现代化物流中心建设所需的方法和步骤，以及相对应的评价标准④。徐天亮（2012）在物流空间效用的基础上进行物流配送的研究，从物流配送的概念、运作、优化和管理四个方面进行了全方位的

---

① 陈辉：《浅议成品油仓储设施整合对区域经济的影响》，载《中国集体经济》2008年第8期。

② 陈静华：《石油商品仓储物流管控一体化建设》，载《科技传播》2012年第7期。

③ 马向国：《现代物流配送中心规划、仿真与设计》，中国发展出版社2014年版。

④ 刘昌祺：《物流配送中心设计以及应用》，机械工业出版社2013年版。

研究①。王成钢（2008）在我国物流配送的实际运行情况的基础上，借助现代化的信息技术，阐述了解决我国 B to C 电子商务配送问题的总体思路②。秦进、倪玲霖、缪立新（2010）以最小化系统内的建设费用、库存费用和运输费用为优化目标，建立了可描述一般性带能力约束的多级多商品流物流网络设计问题的优化模型③。丁怡（2011）研究了电子商务企业的自营物流模式，对 PPG 的倒台与 VANCL 的兴起案例进行分析，指出“自营物流的关键是建立物流配送中心，实现商流、物流、信息流的三流同时发展。另外在建立配送中心的过程中要大力投资技术的研发与运用。提高配送中心的信息化、网络化、智能化水平”④。

此外，围绕物流的配送，学者们对其涉及的问题，如物流系统、资源分配、资源调度、最短路径等进行了广泛的研究。

在研究物流系统方面，Fiedler（2007）首次运用系统动力学理论来研究物流系统的相关问题，在 Petri 网的基础之上，利用物流系统的相关特性，建立了动态的资源分配网络，使得资源分配更加合理⑤。Demirag O. C，Swarm J. L（2007）通过将线性规划中的方法应用到物流系统的相关研究当中，从而得到一个离散型的物流网络模型⑥。Sheu J. B（2006）为了应对日益增长的城市物流的配送需求，在动态的商业环境中提出了一个面向顾客的物流模型⑦。国内的学者楚岩枫与刘思峰（2008）意识到物流系统的预测当中不确定性因素的必然存在性，从而在建立物流系统发展的预测研究中将灰色系统预测模型引入进来，针对我国现实的物流运营情

---

① 徐天亮：《运输与配送》，中国物资出版社 2012 年版。

② 王成钢、陈登斌：《B to C 电子商务配送系统建设》，湖南师范大学出版社 2008 年版。

③ 秦进、倪玲霖、缪立新：《多级多商品流物流网络设计的优化模型与组合模拟退火算法》，载《计算机应用研究》2010 年第 10 期。

④ 丁怡、胡昊：《电子商务企业的自营物流模式》，载《物流工程与管理》2011 年第 1 期。

⑤ Fiedler C：Integration by Synchronization：Logistics Planning and Control Based on Petri Nets. 2007 1st Annual IEEE Systems Conference，2007.

⑥ Demirag O. C，Swann：Capacity Allocation to Sales Agents in a Decentralized Logistics Network. Naval Research Logistics，2007（7），pp. 796-810.

⑦ Sheu J. B：A Novel Dynamic Resource Allocation Model for Demand-responsive City Logistics Distribution Operations. Transportation Research Part E-Logistics and Transportation Review，2006（6），pp. 445-472.

况，对我国未来物流产业的发展进行有效的预测，为国家未来规划物流产业布局提供智力支持①。占芝杰（2012）从准时制物流管理的角度，对物流配送运作模式进行研究，提出了基于准时制的物流配送 TCOM 模型，并定义了准时物流配送核心业务的运作机制②。

在物流资源分配的研究中，Yang D. N（2008）在研究物流系统中无线网络的资源有效分配时，运用整数线性规划模型进行分析③。Azaiez M. N（2007）运用博弈论中的均衡理论分析物流系统的资源分配，通过建立一个高效的资源分配系统来对其进行优化分析④。Karpowicz M（2006）运用纳什均衡理论，借助计算机网络技术对物流系统内部的资源进行动态分析，从而解决其资源分配问题⑤。田帅辉和王旭（2014）提出了基于物流资源稀缺性和任务绩效的物流资源整合系统两阶段利益分配模型。第一阶段考虑物流资源稀缺性，针对一般资源提供商和战略资源提供商分别采用一级密封价格拍卖、Shapley 值法的分配策略，获取初始利益分配方案；第二阶段考虑物流资源提供商完成物流子任务的绩效对初始利益分配方案进行修正，建立物流子任务的绩效评价指标体系，利用模糊综合评价法计算物流子任务的绩效系数，获得最终的利益分配方案⑥。胡云峰（2014）借用一种整数规划的数学模型，通过医药配送中心 0-1 整数规划数学模型的建立，确定配送中心选址的方案，对方案的可行性进行研究，为经济效果评价提供依据。⑦

在资源调配的研究当中，Dauzere P. S，Roux W 与 Lasserre J. B（1998）

---

① 楚岩枫、刘思峰：《基于灰色系统理论的我国物流发展规模的预测研究》，载《管理评论》2008 年第 3 期。

② 占芝杰：《基于准时制物流配送运作的研究与应用》，北京交通大学硕士学位论文，2012 年。

③ Yang D. N：Efficient Resource Allocation for Wireless Multicast. Transactions on Mobile Computing，2008（4），pp. 387-400.

④ Azaiez M. N：Optimal Resource Allocation for Security in Reliability Systems. European Journal of Operational Research，2007（2），pp. 773-786.

⑤ Karpowicz M. Dynamic Resource Allocation Mechanism for Network Interconnection Management. Lecture Notes in Computer Science，2006，pp. 791-798.

⑥ 田帅辉、王旭：《物流资源整合系统的两阶段利益分配策略研究》，载《计算机工程与应用》2014 年第 3 期。

⑦ 胡云峰：《0-1 整数规划在医药配送中心选址中的应用研究》，载《物流工程与管理》2014 年第 4 期。

结合计算机数值模拟技术，求得车间内部局部最优解，大大提高了车间资源调度的工作效率①。Li K. Y 和 Willis R. J（1992）在资源有限的背景下，借用运筹学中的相关理论，对有限的资源进行碾转算法分析②。叶春明（2014）研究带有模糊时间窗的车辆调度组合干扰管理模型及其混合遗传算法③。采用时间窗模糊化处理方法，定义客户满意度函数，根据干扰管理思想对车辆调度中组合性干扰事件进行分析，从配送路径、配送成本和客户满意度三个方面进行干扰辨识与度量，建立基于模糊时间窗的车辆调度组合干扰管理模型。

在研究最短线路规划方面，Grundel D. A（2006）通过比较不同的路径搜索方法，对军事研究中的移动目标进行了路径最优化的解析④。Ma C. S 与 Miller R. H（2006）运用函数的方法，把车辆的路线规划问题转化为数学模型，再运用混合整数线性规划，求得路径规划的最优解⑤。李坤、唐立新（2014）主要研究了卸载集装箱堆场空间分配与车辆调度的集成作业问题，在该问题中，卸载集装箱动态到达、车辆循环使用，需要同时决策集装箱堆放位置及车辆的分配和路线，通过将禁忌搜索算法的结果同标准优化软件 CPLEX 所求得的最优解或下界比较，来实现对集成问题的优化⑥。王华（2011）用 Dijkstra 算法对物流配送路径进行优化研究，通过实验发现，Dijkstra 算法不仅节约了物流成本，而且提高了运输的效率⑦。黄文玉（2015）将遗传算法与模拟退火算法相结合，提出了一种基于优化遗传算法的多配送中心车辆路径调度方法，该调度方法不仅具有自适应遗

① Dauzere P. S, Roux W, Lasserre J. B: Multi-resource Shop Scheduling with Resource Flexibility. European Journal of Operational Research, 1998 (2), pp. 289-305.

② Li K. Y, Willis R. J: Iterative Scheduling Technique for Resource-constrained Project scheduling. European Journal of Operational Research, 1992 (3), pp. 370-379.

③ 叶春明：《多配送中心物流配送车辆调度问题的分层算法模型》，载《系统管理学报》2014 年第 4 期。

④ Grundel D. A: Searching for a Moving Target: Optimal Path Planning. 2005 IEEE Networking, Sensing and Control 2005. ICNSC2005-Proceedings, pp. 867-872.

⑤ Ma C. S, Miller R. H: MILP Optimal Path Planning for Real-time Applications. Proceedings of the 2006 American Control Conference, 2006, pp. 4945-4950.

⑥ 李坤、唐立新：《多集装箱堆场空间分配与车辆调度集成问题的建模与优化》，载《系统工程理论与实践》2014 年第 1 期。

⑦ 王华：《基于 Dijkstra 算法的物流配送最短路径算法比较研究》，载《计算机与教学工程》2011 年第 3 期。

传算法的强大全局搜索能力，也具有模拟退火算法的强大局部搜索能力，通过对适应值函数退火拉伸，加速了寻优过程①。

在车辆里程节约方面，Dror M 与 Trudeau P（1986）提出了一种假设，即在车辆是随机选定的情况下，采用节约里程算法，对车辆的路线进行了分析，最终求得成本最小化的路线②。Moussaoui O，Ksentini A，Naimi M 以及 Gueroui M（2006）应用一种新型的聚类分析算法，对无线传感器的网络节点进行了分析③。张文华（2012）在《基于节约里程法的物流配送路径优化》一文中，介绍了节约里程法在实际中的应用，得出配送路线优化方案，节约了配送里程，减少了配送车辆，并通过一次实际配送验证了其可行性，文中节约里程法应用于配送中心和配送点所在的实际地理位置是特殊的，它验证了节约里程法同样适用于配送路线为非规则多边形的问题④。占义芳（2015）主要借助于建立起基于时间窗约束节约里程法的物流配送路径的优化模型加以改进，该方法能够进一步地优化路径并节约成本⑤。

2. 石油物流的运输配送

李宏（2012）在《加油站营销理论与实践》一书中，在对石油的流通过程进行描述时，指出石油物流的全过程主要还是传统物流当中的仓储、运输、装卸搬运等环节。根据运输货物的不同，石油物流主要分为油品类物流和物资类物流。其中油品包括未经处理的原油、经过加工处理的天然气、成品油、润滑油等相关衍生产品。在石油企业当中，石油被开采出来经过简单的水处理就是原油。原油通过炼油厂的反复炼制才能转化为供消费者使用的成品油⑥。

---

① 黄文玉：《基于优化遗传算法的多配送中心车辆路径研究》，载《科技视野》2015 年第 5 期。

② Dror M，Trudeau P：Stochastic Vehicle Routing with Modified Savings Algorithm. European Journal of Operational Research，1986（2），pp. 228-235.

③ Moussaoui O，Ksentini A，Naimi M，Gueroui M：A Novel Clustering Algorithm for Efficient Energy Saving in Wireless Sensor Networks. International Symposium on Computer Networks，2006.

④ 张文华：《基于节约里程法的物流配送路径优化》，载《物流工程与管理》2012 年第 3 期。

⑤ 占义芳：《基于软时间窗节约里程法在某物流公司的应用》，载《物流工程与管理》2015 年第 4 期。

⑥ 李宏：《加油站营销理论与实践》，中国石化出版社 2012 年版。

蔡德洪（2014）认为通常石油的运输过程是指将石油产地运往仓储或配送中心的过程，而石油的配送则专指已经炼制好了的成品油，按照不同区域顾客的需求，通过合理的运输安排以及高校的线路规划，将成品油低成本高效率的配送到顾客所在地的一系列经济活动①。

（1）传统的石油配送模式。

陈永亮（2012）认为油品类物流中的成品油物流，其过程主要由一次调运和二次配送两个阶段组合而成。一次调运是指成品油在炼油厂中装配完成之后，运送到各个石油企业的油库中进行储存的过程。二次配送则是根据不同地区客户的需求量，将油库中的成品油按照省、市逐级向下一层级进行配送的环节。这种按照行政区域划分，一级一级直到各个地区的经销商的销售模式，被称为传统配送模式。

由于传统的石油配送模式受到各级行政区域的限制，其物流配送所需的环节太多，且各行政区域和各级有关部门彼此独立，导致相互之间没有有效的信息沟通，从而使得各自追求局部的利益最大化，使得整体配送效率降低，有时为了局部的盈利可能会牺牲整体的利益等诸多问题，实质上并未摆脱传统配送思想，其配送理念仍然属于传统石油配送模式②。

（2）按区域划分的石油配送模式。

在不同的市场环境下，石油配送有多种不同的模式。蔡德洪（2014）认为按照区域对成品油进行配送的模式，区别于传统石油配送的模式，不再按照行政区域来划分，而是按照销售量进行区域划分，直接打破行政级别，设立区域配送中心，通过区域配送中心直接将成品油配送至各个网点。这种简单高效的新型配送模式被称为石油配送制，改进之后的石油配送模式不仅能够大大降低使用配送成本，还能够更加高效地将石油配送至需要的网点③。

由于我国地理位置的缘故，东西部经济发展水平相差很大，对石油的需求也就不一样，我国成品油消费市场主要在华东、华南等私家车数量较多的地区。但是我国的原油产地与消费市场之间的地理环境障碍，以及中

---

① 蔡德洪：《对提高成品油公路配送效率的思考》，载《国际石油经济》2014 年第 5 期。

② 陈永亮：《中石油销售企业物流配送策划研究》，载《物流技术》（装备版）2012 年第 8 期。

③ 蔡德洪：《对提高成品油公路配送效率的思考》，载《国际石油经济》2014 年第 5 期。

石化和中石油两家集团竞争的影响，造成了各地油品供应不足以及运输成本居高不下等问题。面对以上种种困境，我国两大石油巨头也不得不借助现代物流的信息化技术来降低高额的石油运输费用，变纯粹的竞争为合作竞争，降低运输成本，提高工作效率。但是此类优化措施缺乏一个先进的整体方案，导致问题依旧存在。

此外，成品油物流信息传递存在“长鞭效应”，造成供应链上信息传递的失真，销售端对于石油需求的预测失误会被成倍地放大，对造成供应端与需求端的供求不对应，使得整条供应链效率降低，成本增加。

（三）石油销售的研究

到目前为止，国内外学者对石油销售的研究还比较少，研究石油的销售和石油的配送是一个同时进行的过程，在上游公司接到需求订单时，开始进行配送，在配送完成时，石油的销售过程也完成了。

石油的销售多指成品油的销售，对成品油销售的研究主要关注其零售模式。在欧美等许多发达国家，经济发展水平较高，零售业的商业模式已经非常成熟，对于成品油的生产销售也早已形成一条很成熟的供应链条。

整理国内外相关文献可知，国外主要的石油零售模式有以下三种：

（1）自有自营。

在这种经营模式下，石油的产供销全部由一家石油公司包办，成品油从炼油厂运出来后，直接配送至自家公司的每个加油站点，每个加油站点也是公司进行自营管理，自负盈亏。这种自主经营的销售模式利润率是最高的。

（2）自有他营。

与第一种经营模式不同，虽然每个加油网点都属于该石油公司的固定资产，但是公司不选择自主经营，而是通过外包的形式交给第三方进行经营管理，第三方可以通过承包、租赁等方式获得经营权。而石油公司只是派出相关管理人员进行加油网点的监督管理。而加油站的利润归属取决于加油站的所有权属于谁。

（3）特许经营。

区别于以上两种经营方式，这种模式下加油站不再属于石油公司的资产，而是属于经销商，石油公司只负责成品油的生产与运输，通过与经销商签订特许经营的合约，才能将成品油运送到加油站进行销售。按照合同，经销商销售该公司品牌的石油，而石油公司则每年向经销商收取一定的加盟费用。目前国外有一半以上加油网点采用这种模式。

而国内经营成品油销售属于国家垄断经营，因此主要是中石化和中石油两大石油巨头，由于是垄断经营，因此两个公司的营销方式也各具特色：

（1）中石化销售模式。

荆瀛（2013）在《中石化科学管理营销模式探析》一文中，对中石化的销售模式进行了分析，指出中石化的销售模式跟国外的自由自营模式本质上是相同的，因为中石化基本垄断了国内的石油产品市场。中石化对其旗下各省分公司进行统一化的管理。从成品油的炼取到最后加油站点的销售整条链条上都由中石化一家公司进行管理经营，统一装配、统一运输、统一销售，为了保持其品牌的专有性，中石化采取的是金字塔式的集权管理模式。为了保持其市场控制力，只能在销售端通过加强营销模式来降低成本①。

（2）中石油销售模式。

陈永亮（2012）提出中石油在经营模式上，由于资产性质不同，中石油加油站主要分为全资（租赁）、控股、参股和特许经营四种模式。而全资（租赁）加油站又自营、内部承包、反承包三种经营管理方式。控股加油站又采取我方承包经营、双方合作经营和对方承包经营三种经营方式。我方承包经营中加油站运营、油品配送、价格等完全由中石油负责。合作经营模式是指合作双方共同经营管理加油站，双方共同负责加油网点的一切事务，资产、运营、管理等全都由双方共同承担。尽管是合作经营，但是成品油的运输配送以及价格制定则由中石油的下属公司全权统一管理。对方承包经营就是指中石油将加油网点全部外包给第三方的承包商进行运营管理。参股管理是指中石油虽然将加油站外包给经销商管理，但是经销商每年又要上交一部分费用。并且中石油还会派出相关的监督管理人员对承包商经营的加油站进行不定期的检查，如果违反公司的相关规定，中石油可以直接解除合同关系。特许经营模式则跟国外的特许经营加油站模式相同②。

---

① 荆瀛：《中石化科学管理营销模式探析》，载《中国石油化工标准与质量》2013 年第 11 期。

② 陈永亮：《中石油销售企业物流配送策划研究》，载《物流技术》（装备版）2012 年第 8 期。

二、物流中心理论研究

1. 物流中心的定义研究

杨晓东（2010）从广义和狭义两个方面对物流中心进行了定义，他认为从广义上来说，物流中心指的是为供应链上的所有成员提供综合性物流服务的一个平台。除了能够提供传统的仓储、运输等物流服务，物流中心还可以是货运码头、卡车终点站等相关配套的辅助设施等。从狭义上来讲，物流中心仅仅只是为了有效管理物流运输的一个中心枢纽，不包含物流基础设施设备等①。

在新一版《中华人民共和国物流术语标准》（GB/T18354-2006）中，物流中心的概念指的是：具备以下 5 个特点的，并且从事物流相关活动且具有完善信息网络的组织或场所：①向社会提供公共物流服务；②有全面的物流功能；③辐射范围大；④存储、吞吐能力强；⑤可以为客户提供物流服务。

根据相关学者的研究文献可知，按照不同的分类标准，物流中心可以有几种不同的分类方式。周凌云、赵刚（2014）在《物流中心规划与设计》一书中提到物流中心的划分有以下几种方式：①按功能可以划分为带有储存功能的物流中心（SC）、直接分拣发货的越库型物流中心（TC）、具有加工功能的物流中心（PC）三种类型。②按照物流中心所需要服务对象的不同可以分为面向生产型企业的物流中心，面向商业企业的物流中心，面向运输企业的物流中心以及面向大众的物流中心。③按照供应链不同位置上的运输阶段分为：对制造型企业进行物流服务的物流中心，服务于制造商与销售商之间的物流中心以及专门对零售商进行物流服务的物流中心②。

2. 物流中心功能的研究

目前的实际运用当中，物流中心主要用于大规模的集散货物，包括传统物流中的运输、储存、包装、分拣、装卸搬运等基本物流功能，再加上额外的增值服务，例如加工、货物信息管理等。李倍（2010）等学者指出目前物流中心功能确定尚没有一种很好的研究方法，只能通过实际操作中

① 杨晓东：《物流中心的设置与比较分析》，载《铁路采购与物流》2010 年第 7 期。

② 周凌云、赵刚：《物流中心的规划与设计》，北京交通大学出版社 2014 年版。

的例子来一一列举①。

孔继利（2014）在《物流配送中心的规划与设计》一书中认为物流中心与配送中心的功能是不一样的，因为物流中心的功能比较单一，并且规模都很大，但是配送中心的规模可以很大也可以很小，并且提供的物流服务也很全面②。

张宝新（2012）在《现代物流中心内部规划与设计探讨》一文中介绍了物流中心内部规划设计的步骤，以及物流中心具体内部规划设计和物流中心作业功能规划③。物流中心是组织、衔接、调节和管理物流活动的网络节点，根据实际运作情况，物流中心可分为以下类型：供应型物流中心、销售型物流中心、专业型物流中心、储存型物流中心、加工型物流中心等；就经营主体而言，还可分为自有型物流中心和公共型物流中心。

根据物流中心在整个供应链中发挥的不同功能、扮演的不同角色，可分为中央或区域物流中心、通过型物流中心、区域加工中心。

王道平和王利（2014）认为现代物流中心是现代物流产业发展过程中一个不可或缺的角色，能够对当前的一些不合理的物流现状进行优化升级，因此对其基本功能进行了概述。他们认为物流中心一般包括储存、集散、拣选、配送等基本传统物流服务功能，还包括实时的货物物流信息处理、产品需求预测、物流系统的咨询设计、物流知识的传播与培训、流通加工等功能④。

三、关于物流中心构建与运行的研究

（一）物流中心空间布局（选址）的研究

1. 国外研究概况

对于物流中心的位置选择问题最早是由 Weber 提出来的，但是他当时考虑的仅仅只是选择一个位置合适的仓库使得距离所有客户的总距离最短，还没有上升到物流中心的选址规划。对于选址问题研究得比较早的另外一位学者是 Hotelling，但是当时他选择的模型比较简单，仅仅只是两家

① 李倍：《综合型物流中心功能》，载《机械管理开发》2010 年第 5 期。

② 孔继利：《物流配送中心的规划与设计》，北京大学出版社 2014 年版。

③ 张宝新《现代物流中心内部规划与设计探讨》，载《铁路采购与物流》2012 年第 8 期。

④ 王道平、王利：《现代物流管理》，北京大学出版社 2014 年版。

供应商之间的选址研究。选址问题的研究从 20 世纪五六十年代开始变得热门起来，大批的学者开始研究这个问题。Losch 和 Moses 认为企业生产中心的位置选择跟当地的经济发展状况有很大的关系。在 1960 年之前，虽然学者们对于各种设施的选址问题研究很多，但是比较分散，各自开展研究，却并没有形成一套成熟的理论，直到 1964 年，Hakimi 提出了一套成熟的选址理论，该理论可以普遍适用于实际当中，就是在一个网状结构当中确定一个或几个设施的选址，是其总体运输距离最短。到 1990 年以后，物流产业高速发展，也应运而生了很多新型的物流概念，国外学者就研究了区域物流中心的选址规划以及相关的模型研究。Chen-Tang Chen（2001）提出了模糊综合评判法，用于物流配送中心选址分析的多目标优选决策，并给出了算例分析①。但是由于区域物流中心这个概念是新提出来的，其功能和规模都还没有具体明确。因为其规模的大小与其服务辐射范围的大小紧密相关，所以只有确定了区域物流中心规模的大小之后，才能对其选址问题建立模型并求得最优解。因为物流设施的选址问题与物流产业中的运输配送成本有很大的关系，所以对于这个问题的研究也一直是学者们的重点。大多数学者会选择建模的方式来探讨物流设施选址问题，常用的模型有 Baumol-Wolfe 模型、Elson 模型等。这些学者关于物流设施选址问题使用的模型对于物流实际应用还是起到了很大的帮助。

2. 国内研究概况

（1）带主观权重赋值的物流中心选址研究方法。

陆华首先对建设物流中心的预算进行了主观评价。通过一系列的评选、比较和计算，淘汰掉了一些预算不合理的选址，再利用模糊数学及层次分析法，将不可量化的指标进行模糊化处理，使得各项指标被量化，再通过建立评价指标体系，对方案进行评价，并从中选出最佳方案②。李亚茹、张庆年在分析了物流中心规划影响因素之后，构建了物流中心规划方案的评价指标体系，根据各评价指标特点，采用逐对比较法确定指标权重系数，提出运用灰色关联度分析法、关联矩阵法、模糊综合评判法对物流

① Chen-Tang Chen：A Fuzzy Approach to Select the Location of the Distribution Center Fuzzy Sets and Systems，2001（1）.

② 陆华、杨家其：《模糊排序及启发式算法在物流中心选址中的应用》，载《武汉理工大学学报》（交通科学与工程版）2002 年第 3 期。

中心规划方案进行综合评价，并着重论述了其具体实施过程①。陈利民、朱江等（2012）采用了一个定性—定量的两阶段模型，运用灰局势方法进行定性的综合评价，筛选出初始方案，然后建立目标优化模型对初始方案进行决策②。崔永杰（2013）提出多分辨率建模思想解决物流选址问题，运用层次分析法进行宏观评价分析，构建混合整数规划模型进行微观精确求解，从宏观和微观两个维度综合求解选址问题③。但由于判断影响选址的因素是因人而异的，不可能列全所有可能的影响因素，因此决策会随之产生影响。徐斌、诸葛承祥、高健（2011）根据物流配送中心的特点，提出了物流配送中心选址的评价指标体系，并应用基于信息熵的灰色关联法来解决物流配送中心的选址问题，最后利用算例说明了该方法的实用性和应用价值④。在之前学者们分析的影响因素的基础上，赵杉（2012）进一步分析了物流中心选址的影响因素，构建了评价指标体系，采用灰色关联度和层次分析法相结合的方法对物流中心的选址问题进行分析评价，说明了在实际解决物流中心选址问题时该方法的应用价值⑤。汪晓霞等（2005）在前人提出的动态双钻石模型的基础之上，通过升级优化，再加上自己的研究，创新性地提出更加有效的动态双钻石模型，并利用该模型及要素分析法提取出了物流中心的区位分子，通过设计指标体系再加上层次分析法的定量研究，有效地解决了物流中心的选址问题⑥。

（2）无主观权重赋值的物流中心选址方法。

在实际的物流中心选址操作当中，重心法是一种非常有效的方法。王海瑞、李国俊等（2015）在解决快递配送中心选址问题时，采用重心法和遗传算法得出两个初始方案，再通过层次分析法对初始方案进行评价比

① 李亚茹、张庆年：《物流中心选址规划方案评价方法》，载《公路交通科技》2010 年第 2 期。

② 陈利民、朱江、何倩：《连锁企业配送中心选址的两阶段模型研究》，载《物流技术》2012 年第 8 期。

③ 崔永杰：《多分辨率多目标物流配送中心选址模型研究》，载《物流科技》2013 年第 1 期。

④ 徐斌、诸葛承祥、高健：《基于信息熵—灰色关联法的物流配送中心选址模型研究》，载《物流技术》2011 年第 5 期。

⑤ 赵杉：《基于灰色—层次分析法的物流配送中心选址问题的研究》，载《商场现代化》2012 年第 5 期。

⑥ 汪晓霞、郑吉春、李妙然：《物流中心选址动态双钻石评价方法》，载《北京科技大学学报》2005 年第 3 期。

较，得出最终选址①。虽然该方法在学术研究当中并没有被学者们所证明，但在实际运用当中，重心法是已经被大多数人所接受的一种选址方法。

程珩、牟瑞芳（2013）通过对重心法使用过程进一步的研究，对重心法的引入、公式的推导作了详尽的阐述，并且对以往的迭代方案作了相应的改进②。在实际应用中，重心法能够解决一些简单的选址问题，但是当面对较为复杂的实际问题时，重心法便失去了它的效果。因为在实际应用当中，存在很多不确定性，只进行定量分析是不够的，必须加入定性分析才行。而且，单一的定性方法也难以准确地描述选址中的各种影响因素的度量，其采用数据包络分析法（DEA 法），将定性方法与定量方法结合起来，在对传统的 DEA 模型进行改进的基础上，建立了物流中心的选址模型，并通过算例分析，验证了改进后的 DEA 模型在物流中心选址中的可行性。

我国学者对于选址问题已经进行相当成熟的研究，其中定量分析的方法也已经被大多数人所认可，如层次分析法、模糊聚类法、重心法、交叉中值法、加权评分法、网络覆盖模型、遗传算法、最短路径法等。徐利民等认为，由于模型的固定性，因此通过模型进行选址研究也是固定不变的，但是在实际生活当中，由于外部环境的变化，以及顾客需求的改变，固定模式的静态分析无法在长时间内满足企业对于物流中心选址的要求，因此他主张利用动态规划法来进行实际应用中的选址布局，并且利用 MATLAB6.1 软件来进行分析求解。钮臻辉（2014）建立了一个离散数学模型用于求解进行水果物流配送中心选址。运用 AHP 模糊综合评判法对候选地址进行综合评价，评价结果与数学模型得出的结论一致，验证了数学模型得出结果的有效性③。郑吉春等（2006）利用系统动力学中的因果关系分析方法，在以前学者所研究的动态双钻石模型的基础上，设计动态模型方程式和构建系统动力学流图，来对物流中心的选址进行虚拟仿真，最

① 王海瑞、李国俊、章楠等：《乌鲁木齐中通快递配送中心选址问题研究——基于重心法和遗传算法》，载《物流科技》2015 年第 6 期。

② 程珩、牟瑞芳：《物流配送中心选址的重心法探讨》，载《交通运输工程与信息学报》2013 年第 1 期。

③ 钮臻辉：《水果物流配送中心选址方法研究》，大连交通大学硕士学位论文，2014 年。

终得到更加优化的选址结果①。

通过上面对选址方法的研究介绍，我们可以了解到，虽然用科学的定量研究方法进行选址研究，但是由于实际操作过程中的不可预知的外部因素，得到的结果并不准确，再加上研究人员的主观性，使得研究结果不够客观，还有就是关于选址问题定性方面的研究几乎没有，这是很不妥当的。

（二）物流中心规划与设计的研究

1. 物流中心规划设计体系研究

关于物流中心的规划分析，国外的学者已经对其作了非常深入的研究，研究的主要方面侧重于物流中心的选址、供应链的协调运作与管理、配送路径优化、物流成本、物流与供应链性能评价、运输方式选择、物流新技术等方面。通常在物流中心规划方面，物流中心的选址规划一直是热点研究方向。很多研究当中把物流当作一个复杂的系统来进行研究，通过物流系统这个概念考虑来提高配送的效率，这种概念将工厂、物流中心和顾客这三个要素同时放在物流系统中进行分析，更加有利于研究物流设施的选址和运输两者之间的联动分析。还有一种分析方法是，在整个物流网络结构当中综合考虑物流设施的选址问题。

国内的研究中，马士华等（2009）认为物流中心的规划一般包括以下基本内容：物流中心的经营环境分析、物流中心的市场需求现状和预测、具体的物流发展规划、物流中心的具体实施方案及合理的政策建议②。

2. 物流中心规模设计

设计物流中心时还应该考虑其规模的大小，按照市场原则，物流中心规模的取决于所在地的市场容量大小。沈杰认为实际上，物流中心规模的确定并没有一套成熟的方法，一般只能通过借鉴国内其他地方的设计方法来确定③。吴荣波（2009）认为从理论上说，建设规模最好在“服务能力曲线”与“单位配送成本曲线”的两个交点内决策④。

---

① 郑吉春、张书杰、汪晓霞：《区域物流中心选址的系统动力学分析》，载《北京科技大学学报》2006 年第 2 期。

② 马士华、林勇：《供应链管理（第二版）》，机械工业出版社 2009 年版。

③ 沈杰：《配送中心建设若干问题探讨》，载《物流技术》2007 年第 12 期。

④ 吴荣波：《物流中心规划相关问题研究》，西南交通大学硕士学位论文，2009 年。

3. 模糊综合评判物流中心规划设计

因为在实际生活当中，规划设计往往受到其他不可预知的外部因素的影响，只能通过模糊综合评价的方法来进行全面的考虑，再作出合适的决策。因此其可用来对物流中心系统进行全面、系统的分析评价。如李华等（2005）从模糊综合评判的角度出发，把我国重要城市的物流业的基本发展状况全部纳入考察对象，然后再作出一个全面的评判，并通过聚类分析确定出各物流中心的等级状况，最后结合二者对广东省区域物流中心作出了总体规划①。周述文（2011）研究了模糊综合评判法在物流中心选址中的运用②。

（三）物流中心流程管理的研究

1. 物流中心作业流程管理

李瑞杰（2010）介绍了物流中心的作业流程和功能分区，阐述了物流中心布局规划理论，用传统的布局规划理论设计出具体的布局方案。还介绍了建模的步骤与方法，用 Flexsim 软件对布局方案进行建模仿真，确定了发生器、处理器、暂存区、货架、运输机等参数，得到仿真运行的结果，并建立了物流配送中心布局方案评价指标体系，该体系指标主要包括仿真得到的设备利用率、货物平均停留时间、单位面积作业量、货物排队长度等，利用加权灰色关联度理论对指标进行客观、综合评价，得到优化的布局方案③。

邓晓强（2011）对基于 BPR 的物流作业流程，开展了流程再造，优化了物流中心，使其变得更加高效④。

总的来看，目前大多数研究均将流程分为支持、管理、主要业务这三类。学者们将物流中心的业务流程分为订单处理作业、采购作业、进货入库作业、库存管理作业、补货及拣货作业、流通加工作业和出货作业处理

① 李华、李金华：《模糊综合评判在区域物流中心规划中的应用》，载《统计与决策》2005 年第 12 期。

② 周述文：《模糊综合评判法在物流中心选址中的应用初探》，载《经济师》2011 年第 3 期。

③ 李瑞杰：《配送中心布局规划仿真与评价》，北京交通大学硕士学位论文，2010 年。

④ 邓晓强：《基于 BPR 的物流作业流程设计在公司的应用》，载《江苏科技信息》2011 年第 11 期。

等部分；并采用流程描述方法（如流程图法）对主要作业流程进行描述。而支持流程主要是为主要流程服务的，自身不能创造任何价值，例如战略制定流程、资金筹措流程、人事考评流程等。相对于其他流程，管理流程是最复杂的，因为它包含了企业生产活动中的所有方面。

2. 物流中心作业流程优化

徐彗星等（2009）分析了配送中心的时间规划问题，使得整个流程更加合理，寻找每道工序的时差，运用运筹方法中的关键路线法寻找缩短工期的最优方案，建立线性规划模型，计算出了最佳作业时序，实现配送中心内部作业优化问题，降低配送中心的运营成本①。

在具体行业层面，邹安全以钢铁企业为例，深入分析了企业物流流程再造需求的驱动力，构建了企业集成化物流流程再造模型，运用系统动力学理论构建了订货系统和分销系统动力学模型，并紧密结合企业业务流程的要求，为企业物流流程再造提供了具有理论意义和实践价值的可供借鉴的成果②。张平等（2008）通过运用信息化手段对医药物流中心的流程进行分析优化，使得整个过程更加简单明了，在降低运输费用的基础上还提高了整个物流中心的运转效率③。

（四）物流中心运行成本效益的研究

1. 物流中心运行成本研究

国外对成本的具体计算方法有：由美国芝加哥大学的青年学者库伯（Robin Cooper）和哈佛大学教授开普兰（Robert S. Kaplan）提出的以作业为基础的成本计算法。美国运筹学家 Satty 于 20 世纪 70 年代中期提出来的层次分析法。在此基础上 Satty 与 Hamalainen Seppalainen 分别提出了网络分析法。Sallow 和 Coyle 等对物流中心的运行指标都作过相应的研究，包括仓储、运输和配送等一系列代表物流中心运转效率的指标。但是因为他们的工作一般都是处于物流企业的战术层面，因此所提供的指标只能代表某一方面，从企业全局来说这些方法还有所欠缺。另外还有物流总成本理

① 徐彗星：《物流配送中心作业流程的统筹优化》，载《物流技术》2009 年第 3 期。

② 邹安全、刘志学、刘迎：《钢铁企业物流流程再造模式及设计》，载《物流技术》2006 年第 9 期。

③ 张平、王健：《国外发展农产品物流的成功经验及启示》，载《大庆师范学院学报》2008 年第 4 期。

论、活动前成本法、供应链成本核算法、任务成本、精益管理会计、企业内部成本管理等。

国内对物流中心运行成本的研究分为以下四大类：①物流成本财务模式论。夏萍（2013）为明晰物流成本核算流程，使成本计算更具可操作性，构建了制造企业物流成本核算体系①。汪永兰、贾思媛（2010）针对物流成本核算中存在的问题，提出了统一物流成本会计核算对象，建立健全物流成本核算程序和方法，构建科学、合理的会计核算体系，完善成本会计信息披露制度等改进措施②。②物流成本模型控制论。张令荣、杨梅（2005）提出使用数学模型，对物流产业链上的所有环节都进行作业分析，从而达到成本控制的目的③。根据每项作业在物流产业链中的重要程度和贡献程度，对每个流程进行赋值，表明其重要性程度，再通过矩阵计算得出相关结果，得到一个关于物流成本的预测值，决策者可以参考这个预测值来对供应链上的活动进行有针对性的成本控制。但是该模型还只是处于理论阶段，还没有到达实际应用阶段。③物流系统成本控制论。该理论研究主要分为绩效研究和技术研究两方面。前者如林丽华（2013）围绕制造业如何应用精益生产理论，结合供应链库存管理，对整条供应链上的全部活动都进行精益化的管理，探讨企业如何消除浪费，追求零库存，从而提高运作效率，很大程度上节约企业的生产成本，实现成本最小化的目标④。后者如张默、王琛（2011）提出通过协同的方式控制物流成本，将会减小“物流成本背反性”的影响，成为企业创造价值的有效途径⑤。姚玲（2012）分析了我国建筑施工企业物流成本控制的现状和存在的问题，由问题提炼建筑施工企业的物流成本控制的影响要素，并从企业的业务活动流程出发，结合物流功能要素，提出了采购、运输、库存、现场管理四个环节是建筑施工企业物流成本控制的重点环节。然后对各个环节的物流业

---

① 夏萍：《制造企业物流成本核算体系构建》，载《财会月刊》2013年第5期。

② 汪永兰、贾思媛：《企业物流成本会计核算及改进策略》，载《财会月刊》（综合版）2010年第8期。

③ 张令荣、杨梅：《基于价值链的企业物流一体化成本分析方法研究》，载《大连理工大学学报》（社会科学版）2005年第26期。

④ 林丽华：《精益生产理论在供应链库存管理中的应用》，载《厦门科技》2013年第3期。

⑤ 张默、王琛：《物流成本控制的协同方式探讨》，载《经济论坛》2011年第1期。

务活动进行细化，寻找具体指标，并对其进行量化，利用层次分析法和模糊综合评价法对物流成本控制的绩效进行了评价①。这种方法所考虑到的评价指标比较全面，能够更加真实地反映企业在物流成本控制中的情况，但是实际操作起来有很大的难度。④物流成本控制措施论。如高军、王睿（2010）提出物流成本管理应该从企业战略的角度出发，统筹考虑企业的生产经营全过程，从公司的整体利益出发，分析企业物流成本控制应遵循的原则，最后从强化企业全员物流成本意识、建立科学合理的物流成本核算体系等方面提出了企业物流成本控制的措施②。

2. 物流中心运行效益研究

许俊等（2004）首先将物流中心效益分为经济效益和社会效益两部分，其中经济效益包括土地增值、出租收入、服务费用、项目投资收益及其他收益；社会效益包括降低生产成本、带动相关产业发展、就业、税收以及缓解城市交通压力和提升城市形象等；然后对建设与运营相分离、建设与运营相结合、建设与运营半结合三种模式下的成本效益进行了对比③。夏玉森等（2006）首先建立成本、效益模型，运用遗传算法来计算建立物流中心的成本，用过滤启发式算法求得所建物流中心的效益，并计算出效益成本比，通过定量分析确定出最佳的位置；然后再用模糊综合分析法，对提出的指标进行定性分析，得到备选点的模糊排序，选出定性结果④，最后两组方案相互淘汰得出最优方案。刘敬（2007）通过对物流中心总体效益（投入产出关系）的定性分析，寻找提高总体效益的途径⑤。同时为了深入定量分析物流中心的总体效益，其还构建了物流中心综合绩效评价指标体系，包括成本、效率、风险和质量四方面。杨蒙（2008）提到了效益背反现象，包括物流成本与服务水平的效益背反和物流各功能活动的效

---

① 姚玲：《建筑施工企业物流成本控制绩效评价研究》，合肥工业大学硕士学位论文，2012年。

② 高军、王睿：《企业物流成本控制措施探析》，载《现代管理科学》2010年第1期。

③ 许俊、陈守东、张北阳：《物流中心及其绩效评价分析》，载《工业技术经济》2004年第12期。

④ 夏玉森、周海云：《基于成本：效益比和相互淘汰的物流中心选址》，载《武汉理工大学学报》2006年第1期。

⑤ 刘敬：《物流中心运作效率的研究》，北京工商大学硕士学位论文，2007年。

益背反①。

综上，我国学者对物流中心的物流成本分析较多、较全面，在控制和反馈等方面都有比较深入细致的研究，而对物流中心成本效益的综合分析较少，由于成本控制必然带来运营组织的结构变化，这种组织变化如何对物流中心的盈利模式产生作用、影响其效益，也就是成本效益的关联性问题上的综合分析比较少见。

（五）物流中心信息管理的研究

信息系统的建设与管理是物流中心规划中一个很重要的部分。加强物流中心的信息系统建设能够使得供应链上的企业通过物流中心进行快速准确的信息交换，从而实现供应链上企业之间的协同作用，提高整条供应链的运作效率，同时完成协同资源规划（CRP）。我国学者大多考虑关于如何构建物流中心的信息系统子系统的问题。

由于物流中心的功能不一样，其对应的信息化建设也有着不同要求，包括物流及时化、信息化、自动化和智能化等，许胜礼、王世卿、毕战科（2010）分析了传统的物流信息系统和基于 GIS 技术平台的物流信息系统的架构，指出了各自的优点及存在的缺陷。在此基础上，设计了一种面向服务的组件式 GIS 物流系统四层架构，以 ARCSDE 和 ARCLMS 为 GIS 开发平台给出了具体的部署方案，阐述了基础设施层、空间信息支撑层、业务服务支撑层、业务应用层及层中各组件之间的相互关系，以此开发的原型系统表明了架构方案的业务处理敏捷、系统接口松散耦合、功能构件可组合复用等特点②。荆心（2010）分析并总结了系统体系结构的设计重点以云计算为中心，完成海量数据存储、智能控制、智能搜索等功能，从而最终满足物流信息系统资源配置最大化的需求③。王燕（2013）介绍了物流信息系统的主要功能模块，即管理中心模块、车辆调动模块、商务网站模块以及政府金融机构接口模块等，分析了 GIS/GPS 技术在物流信息系统中的主要应用及其功能，并基于 GIS/GPS 技术进行了物流企业信息系统的总

① 杨蒙：《基于物流中心的物流成本指标优化体系》，山东大学硕士学位论文，2008 年。

② 许胜礼、王世卿、毕战科：《基于 GIS 技术的物流信息系统设计架构》，载《计算机工程与设计》2010 年第 6 期。

③ 荆心：《基于物联网的物流信息系统体系结构研究》，载《科技信息》2010 年第 20 期。

体架构设计，同时采用了 Dijkstra 单源最短路径算法，重点进行了车辆运输路径最短规划的程序设计，最后就 GIS/GPS 物流信息系统的实际应用进行了实证分析，并对功能的实现进行了展望①。杨头平（2005）勾画出了物流中心管理信息系统的架构，包括业务管理和系统基础设置两大模块：前者包括委托管理、调度管理、跟踪管理、账户管理等，后者包括基础数据管理模块和系统管理模块②。

四、关于区域物流中心的研究

（一）区域物流定义的研究

由于物流产业在我国起步较晚，因此关于区域物流的定义，我国的学者们还没有形成统一的认识，一般情况下认为区域物流就是在一定的经济环境当中所发生的所有物流活动的总和。对于区域经济的定义，我国学者们作出了丰富的研究，并且形成了统一的认识。

王之泰（2005）认为，区域物流的定义主要在于区域二字，因此其含义主要是在一定的区域范围内发生的与物流相关的活动，这里的区域可以小到一个城市，甚至于城市的某个特定区域，也可以大到一个经济体甚至于国际范围③。

李志（2008）认为，区域物流不单单只是地理位置上的划分，更是经济、法律、文化等其他社会因素相融合的一个综合的概念，区域物流是包含了政治、经济、文化还有地域等众多共同体的一个物流概念④。区域物流中运输的物品不仅包括企业生产活动中的产品以及原材料等，还包括消费者生活当中的普通物品。区域物流一般发生在一个特定国家范围内，不能超过这个界限，仅仅是在国家范围内区域内部或区域之间发生的物流活动，因此这个概念是相对于国际物流来界定的。广义上的区域物流包括不同种类的货物在区域内或者不同区域之间的流动。而狭义上的区域物流仅仅只是某个区域内部的生产加工物流活动。因此，区域物流具有独特性，

---

① 王燕：《GIS/GPS 技术在物流信息系统设计中的应用》，载《物流技术》2013 年第 1 期。

② 杨头平：《现代物流中心信息系统分析》，载《物流技术》2005 年第 1 期。

③ 王之泰：《新编现代物流学》，首都经济贸易大学出版社 2005 年版。

④ 李志：《区域物流产业构成及其基本特征》，载《中国流通经济》2008 年第 4 期。

由于地理位置上以及其他因素的差异，其物流活动也就存在很大的不同。区域物流活动产生的意义就在于，解决生产者与消费者之间的空间距离，使得货物在生产地和消费地快速地运转。

（二）区域物流中心分类的研究

海峰（2006）认为，按照辐射范围的大小，区域物流可分为国际和国内两种①。

按照海峰的这种分法，巩国强认为，国际与国内区域物流之间还存在另外一个级别，称为次区域物流。次区域物流这个概念的提出主要是在次区域经济合作这个基础上的，相对于区域经济合作而言，次区域经济主要指的是国家和地区接壤地区之间的经济合作，如大湄公河次区域、环阿尔泰山次区域等。根据运输工具的不同，巩国强认为可以对区域物流进行分类，分别是海、陆、空三种不同的区域物流，有的区域物流不止采用一种运输工具，可归类为多式联运区域物流②。

海峰认为，区域物流有地域性、独立性、开放性、适应性、中心性和距离经济性这些方面的特征③。

帅斌（2006）认为，物流产业能够与其他相关产业产生联动效应，因为物流产业与其他产业的高融合性，使得物流产业便于获得广泛的资源，通过打破其他行业的壁垒来扩大物流产业的市场化属性④。

李志（2008）认为，区域物流产业在空间资源分布上具有差异性，在物流产业的发展程度上也存在差距，但是彼此之间的利益是相对独立的，而物流产业作为一个综合性的第三产业具有完整性⑤。

（三）区域物流中心作用的研究

在欧美日等发达地区和国家中，物流产业起步较早，发展得较为成

---

① 海峰：《区域物流论：理论、实证与案例》，经济管理出版社 2006 年版。

② 巩国强：《区域物流产业组织及区域背景影响研究——以青岛市为例》，中国海洋大学硕士学位论文，2009 年。

③ 海峰：《区域物流论：理论、实证与案例》，经济管理出版社 2006 年版。

④ 帅斌：《物流产业结构的 DEA/PCA 评价》，载《西南交通大学学报》2006 年第 5 期。

⑤ 李志：《区域物流产业构成及其基本特征》，载《中国流通经济》2008 年第 4 期。

熟，对于物流的研究也更多地集中于物流政策的宏观调控和企业运营方面。

何添锦（2010）认为城市群经济是区域物流发展的基础，决定着区域物流的需求结构和发展水平，城市群经济协调发展对区域物流发展具有推动效应；区域物流是城市群经济的主要构成要素，对城市群经济布局、产业结构转变和经济增长具有拉动效应，因此合理的配置有限的物流资源，面对全球化的竞争，可以有效提高区域经济的发展潜力①。由于研究此类问题，所涉及的研究变量较多，因此必须依靠数学工具来进行量化分析。通过这种分析方法可以为供应商上的企业的物流设施选址、配送路线规划等实际问题提供技术支持。

P. Pontrandolfo，O. G. Okogbaa（1999）认为，物流产业如果想要健康快速的发展，那么宏观政策的调控是必不可少的，只有从宏观上把握住了国家的政策方向，物流企业才能稳步发展。欧美日等物流强国就是因为早就意识到了国家政策对于物流产业发展的重要性，早在20世纪七八十年代就通过一系列的优惠政策来推动物流产业的发展②。

金凤花等（2010）基于场论和物流场论对区域物流进行分析，从基础设施、经济发展水平、物流需求状况、产业规模和信息化水平等五个方面构建了区域物流发展水平评价指标体系，然后运用物流场势模型对全国各地区域物流的发展水平进行了评价和比较③。

Heijden，Rob E，C. M. Van Der（2000）研究的是城市物流，首先研究了城市物流的经济环境背景，通过物流仿真的动力学模型，定量研究了城市物流的体系建设问题④。

区域物流能够良好的发展，离不开当地政府提供的相关政策帮助和支持。J. Bowersox等（1999）认为，在经济全球化的背景下，也应该从全球

① 何添锦：《区域物流对城市群经济协调发展要素的作用机理》，载《中国物流与采购》2010年第2期。

② P. Pontrandolfo，O. G. Okogbaa：Global Manufacturing：A Review and a Framework for Planning in a Global Corporation. INT. J. Res，1999（1）.

③ 金凤花、李全喜、孙磐石：《基于场论的区域物流发展水平评价及聚类分析》，载《经济地理》2010年第7期。

④ Heijden，Rob E，C. M. Van Der：A Nevaluation Methodology for City Logistics. Transport Reviews，2000（1）.

化的角度分析供应链管理中的设施设备融资情况以及政府补贴等①。

Tage Skjott Larsen 等（2003）就跟根据丹麦和瑞典两个国家联手共同建立的 Oresund 大桥作为实际案例进行分析，借助之前学者研究的创新理论，资源和竞争力学说以及供应链管理观念等相关理论，建立多层经济发展组织模型，得出了基础物流设施对区域经济发展支持效果②。W. Lemoine 和 Lars Dagnns，还有 Edirorial（2002）分别从商业合作以及法律、文化协调等不同的角度，分析了区域物流的规划布局研究③。

从区域物流协调对合作双方的经济发展的影响角度，很多学者都进行了大量的实证研究，最终发现区域物流能够有效协调贸易双方的物流活动，从而降低成本，使得贸易活动更加有效率。

B. C. Ha（2011）以韩国企业为例，通过路径分析方法分析了情感信任和能力信任对供应链协同（包括联合决策、信息共享、风险共担三个维度）和物流效率的影响。分析结果表明，信息共享受情感信任影响，联合决策受能力信任影响，而风险共担受情感信任和能力信任的共同影响；联合决策和信息共享又会最终影响到物流效率④。

Hummels（2001）通过收集分析美国从其他国家进口货物所用的运输工具以及所花费的时间，借助相关物流模型分析其中的物流成本，发现其中蕴含了巨大的有待开发的商业价值。通过缩短物流运输时间，更可以为贸易双方创造未来贸易合作的可能性⑤。

Venables 等（2001）通过定量分析区域物流当中的运输距离、运输成本，再借助重力模型定性的分析区域物流合作双方的货物流动。通过利用物流基础设施这个指标来衡量物流运输的成本。最终发现两者之间存在直

---

① Donald J. Bowersox, etc.: 21st Century Logistics: Making Supply Chain Integration a Reality. Oak Brook, IL-Council of Logistics Management, 1999.

② Tage Skjott Larsen, Ulf Paulsson, Sten Wandel: Logistics in the Oresund Region after the Bridge. European Journal of Operational Research, 2003 (4).

③ Edirorial: Collaboration in Logistics. European Journal of Operational Research, 2002 (4).

④ Ha B. C, Park Y. K, Cho S: Suppliers' Affective Trust and Trust in Competency in Buyers: Its Effect on Collaboration and Logistics Efficiency. International Journal of Operations & Production Management, 2011 (1).

⑤ Hummels, David, Peter Klenow: The Variety and Quality of a Nation's Trade. NBER Working Paper No. 8712. National Bureau of Economic Research, Cambridge, Mass, 2001.

接关系，供应双方物流设施的好坏直接影响到物流运输成本的高低。而且水上运输的成本是陆地的 1/7。而运输成本的增加会直接导致贸易成本的大幅上升，最终使得贸易双方的交易额下降①。

Clark，Dollar 和 Micco（2004）认为，物流运输成本与贸易双方之间的贸易往来之间有直接关系，因此利用线性对数引力模型来作预测分析。通过对运输距离、贸易双方的生产总值这一系列的解释变量，以及陆地接壤地区这个虚拟变量，严格的定量分析，最终作者认为，物流港口的运作效率是决定运输成本高低的关键性因素，同时运输成本的高低直接影响了双方的贸易往来情况②。

关于区域物流与区域经济之间的互动研究，国外的学者已经作过相当丰富的研究，其中最早的研究是韦伯的工业区位论，他认为，物流系统运行效率的高低和规模大小直接影响到当地的经济发展。20 世纪 50 年代，区域经济概念的提出使得西方很多国家开始大力发展区域经济，由于物流系统对于区域物流的巨大作用，使得学者们把眼光都放在了区域物流的效率与区域经济的快速发展之间的互动研究上。

Joel Honeyman（1996）区别于其他研究人员，从物流人才和物流规划方面证明了一个好的物流项目的实施，可以有效地提高农村经济的发展③。

Tage Skjott-Lalsen，Ulf Paulsson，Sten Wandel（2003）以 Oresund 大桥为例，该大桥由丹麦和瑞典两个国家共同建立，通过这座大桥的建立，两个国家不仅有效地改善了区域之间的货物流通问题，还很好地促进了两国之间的文化交流，打破了语言、文化、地域的界限，激发了两国之间的潜力④。

前面学者所作的丰富的研究为我们这次研究提供了非常良好的理论基础，但是根据对于现有研究的思考和分析，发现我们还可以从这几个方面

---

① Limao Nuno，Anthony J. Venables：Infrastructure，Geographical Disadvantage，Transport Costs，and Trade. The World Bank Economic Review，2001（15），pp. 451-479.

② Clark，Ximena，David Dollar，Alejandw Micco：Port Efficiency，Maritime Transport Costs and Bilateral Trade. Journal of Development Economics，2004（3），pp. 417-450.

③ Joel Honeyman：Supply Chain Management：Implications for Small and Rural Economic Development. CLM 1996，pp. 125-143.

④ Tage Skjott-Larsen，Ulf Paulsson，Sten Wandel：Logistics in the Oresund Region after the Bridge. European Journal of Operational Research，2003（8），pp. 23-39.

进行更加深入的分析：

第一，国内区域物流研究起步比较晚，只能通过借鉴和学习其他物流强国的实践经验，但是大部分都是关于基本概念和理论上的研究分析，并没有形成我们自己的实际经验。虽然在石油物流方面，对于宏观层面的理论分析和研究是很重要的，但是我国并没有将石油物流放在国家层面上进行统筹规划考虑，各个地区的石油物流彼此之间相互闭塞，企业之间也不能形成很好的规模效应，使得无法开展区域物流中心的规划建设工作，导致关于区域物流的研究仅仅只是停留在表面，并没有落到实处，没能帮助企业和地区提高其运行效率。

第二，缺少关于石油区域物流中心的演化机理方面的研究。同每一个经济运营体一样，石油区域物流中心也有着属于自己的一套独特的演化规律，通过对这个演化规律的分析和研究，我们能够从当中找出其中的运行规律，从而判断其未来的发展趋势。但是由于这方面理论研究的缺乏，使得我们无法真正了解物流产业的内在真正的运行动力，也无法深入地分析区域物流与区域经济之间的互动机理。因此，在不明确石油区域物流中心的优势和功能时，我们也很难开展关于石油区域物流中心的经济利益研究以及随后的选址规划分析。

第三，目前我国学者关于石油区域物流中心的内在含义、辐射范围和运行模式等方面所作的研究过少，很难为实际运用提供有效的支持，使得在真正的实践操作过程当中缺乏有效的指导，使得其他相关的研究没有实际操作意义。

第四，应该对石油区域物流中心的可能发展模式进行探索性研究，包括模式构建、运作模式、支撑体系、绩效评价等。

第三节　研究的内容与方法

一、研究内容

本书的研究内容如下：

第一章主要是介绍我国石油物流成本居高不下这个背景，分析了研究石油物流的意义，从而引出本书主要研究的问题，然后回顾国内外学者关于石油物流体系运作、物流中心理论、物流中心构建与运行、区域物流中心等的主要研究情况。

第二章通过分析石油区域物流中心的产生，首先界定石油区域物流中心的定义与内涵，包括其主要功能，最后分析石油区域物流中心产生的动因及其理论阐释。

第三章主要从石油区域物流中心合作伙伴的选择、合作机制的设计和区域物流中心的构建流程三方面来探讨石油区域物流中心的构建。其中，首先运用定性与定量法结合的方法来选择物流中心的合作伙伴，然后在构建合作伙伴动力博弈模型的基础上探讨最优合作机制。接着，分析石油区域物流中心的选址，并结合我国目前油库和加油站布局不合理的问题，对物流中心的设施布局进行了规划，最后探讨油库规模的规划问题。

第四章从建成后的石油区域物流中心的运作模式出发，探讨物流中心的管理模式、组织模式以及过程模式，并通过对资源整合机制、利益分配机制、信息共享机制的阐述，探讨石油区域物流中心在石油供应商竞争合作的方式下如何运作。

第五章主要根据石油区域物流中心的运作流程，依据区域物流的特点，分析信息平台的功能需求，搭建信息平台，以满足上游石油供应商、石油区域物流中心、下游加油站和企业客户之间的信息共享，提高系统的运作效率与安全性，降低相关成本。

第六章主要研究石油区域物流中心运作的绩效评价，通过分析其定义和特点，构建了相关的运作绩效评价模型和运作绩效评价指标体系，最后运用异构标准多目标线性 DEA 绩效评价方法对石油区域物流中心运作绩效进行评价。

第七章主要对石油区域物流中心运作进行案例研究。本章首先描述了中石油云南销售公司物流运作的现状，进而分析了中石油云南销售公司现行物流运作存在的问题，即亟须建立区域物流中心的必要性，最后从石油物流中心的组织架构、职责、基本业务及流程等方面探讨了区域物流中心的构建方案。

第八章对全书进行总结并提出本书主要的创新点，并对未来的研究作出展望。

本书的研究框架如图 1-1 所示。

二、研究方法

（1）文献评述法：通过阅读大量相关书献，回顾了学者们在该研究方

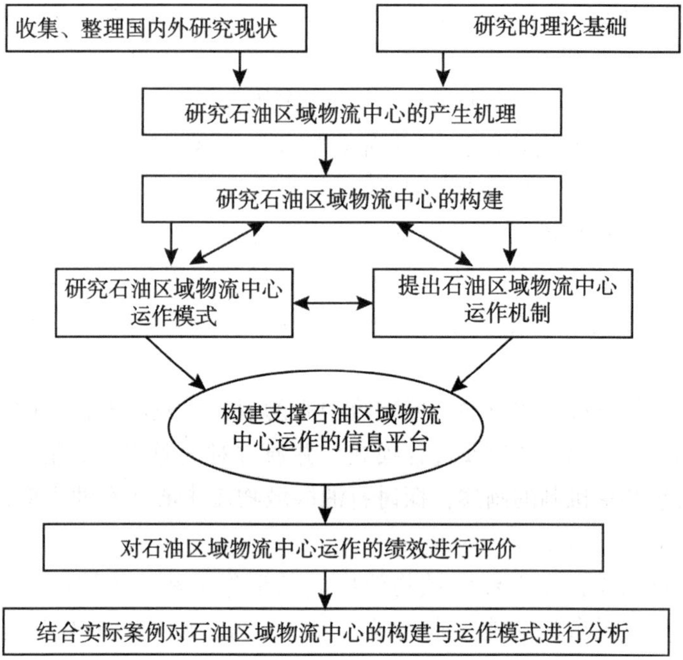

图 1-1 本书的研究框架

面已经取得的研究成果，总结分析当前研究的热点与缺陷，为本书寻找可以研究的内容。

（2）理论分析法：运用系统论、协同论、物流与供应链管理理论等方法作为研究石油区域物流中心运作模式的理论基础。

（3）定性与定量相结合的方法：通过对相关理论的定性分析，借助统计学和经济学当中的相关理论，构建石油区域物流中心运作的数学控制模型和绩效评价体系，运用定性与定量方法研究石油区域物流中心运作的绩效评价。

第二章　石油区域物流中心的产生

第一节　石油区域物流中心的基本概念

石油区域物流中心是一种大型物流基础设施，是适应现代石油物流产业的发展而出现的，能优化成品油运输路线、降低运输成本、提高运输效率，进而提高成品油经营企业的经济效益。本节主要介绍石油区域物流中心的内涵，同时对石油物流中心的功能作用进行概述，以加深对它的理解，并为石油物流中心布局选址规划提供依据。

一、石油区域物流中心的概念

现今物流中心已是物流网络中具有重要作用的一个物流节点，具有物流节点的一系列功能，如流通功能、配送功能和集配功能等①。为了满足区域经济、某行业或企业用户的需要，区域物流中心依托于区域运输枢纽，除了能够运输（转运）货物，还可以提供一站式的物流服务②，以创造更高附加价值的同时降低物流总成本。现今物流中心正朝着如下趋势发展：多功能之整合型；强化基础硬件设施；重视人才培养以及加强市场区隔性。物流中心的概念亦有广义和狭义之分，如图 2-1 所示。本书讨论的物流中心均为狭义物流中心。

结合《中华人民共和国国家标准——物流术语 GB/T1835-2001》和新一版《中华人民共和国物流术语标准》（GB/T18354-2006），物流中心（从事物流活动的物流场所或组织）的定义包括以下几方面：（1）服务对象：主要面向社会服务（某行业或某企业客户），具有品种少、大批量的

---

① 杨子清：《石油区域物流中心选址及设施规划研究》，载《物流工程与管理》2012 年第 3 期。

② 李志：《区域物流产业构成及其基本特征》，载《中国流通经济》2008 年第 4 期。

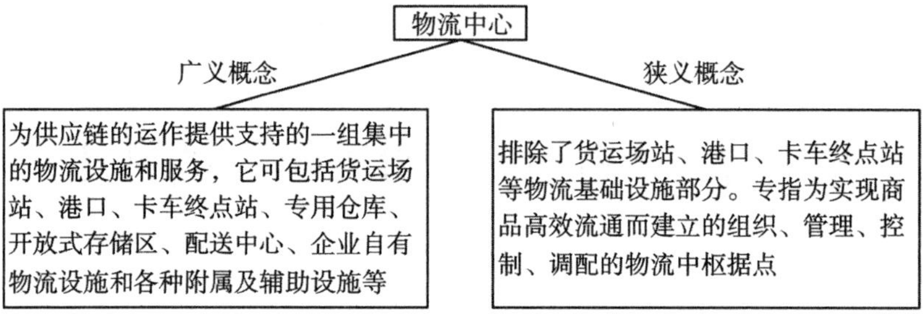

图 2-1　物流中心的概念

特点；（2）物流功能：功能健全如强大的存储吞吐能力；（3）服务范围：利用完善的信息网络来辐射较大范围的区域；（4）管理手段：实行物流业务的统一经营、管理，充分有效地协调区域资源。

二、石油区域物流中心的概念界定及内涵

（一）石油区域物流中心的内涵

总结现有的物流设施，典型的物流中心主要有集货中心、送货中心、转运中心、加工中心、配送中心和物资中心六类，见表 2-1。

表 2-1　**物流中心主要类型**

	类　型	内　　涵
1	集货中心	将分散生产的零件、生产品、物品集中成大批量货物的物流据点。这样的物流中心通常多分布在小企业群、农业区、果业区、牧业区等地域
2	送货中心	将大批量运抵的货物换装成小批量货物并送到用户手中的物流据点。送货中心运进的多是集装的、散装的、大批量、大型包装的货物，运出的是经分装加工转换成小包装的货物。此类物流中心多分布在产品使用地、消费地或车站、码头、机场所在地
3	转运中心	是实现不同运输方式或同种运输方式联合（接力）运输的物流设施，通常称为多式联运站、集装箱中转站、货运中转站等。转运中心多分布在综合运网的节点处、枢纽站等地域

续表

	类　型	内　　涵
4	加工中心	将运抵的货物经过流通加工后运送到用户或使用地点。这类物流据点侧重于对原料、材料、产品等的流通加工需要，配有专用设备和生产设施
5	配送中心	将取货、集货、包装、仓库、装卸、分货、配货、加工、信息服务、送货等多种服务功能融为一体的物流据点
6	物资中心	依托于各类物资、商品交易市场，进行集货、储存、包装、装卸、配货、送货，信息咨询、货运代理等服务的物资商品集散场所

石油区域物流中心应属于综合型配送中心。其内涵归纳为以下三点。

（1）石油区域物流中心是组织、衔接、调节石油物流活动的较大型物流据点，并具有移动设备、通信设备、控制设备和相应组织结构①。其以油库作为基础，提供油库接卸、调运配送等服务的依托。且涉及物流的动态管理，与传统的静态管理的仓库概念相区别。

（2）石油区域物流中心不仅具备仓储功能，还能同时结合物流据点网络化及物流情报网络化，实现物流的系统化与效率化。其一方面综合分析资源和市场信息并提报要货计划，另一方面需要协调好资源公司、炼厂和加油站之间的关系。

（3）石油区域物流中心是以交通运输枢纽为依托，建立起来的成品油集散场所。其需要协调好管道、水运和铁路运输的关系，有效实现一次运输、储存和二次配送等物流服务②。

（二）石油区域物流中心的功能和作用

石油区域物流中心居于重要的枢纽地位，具有扭转功能、仓储功能、物流信息处理功能、接卸功能，起着承上启下的作用。

1. 扭转功能

石油区域物流中心一方面“上连”炼厂，即为从炼厂到物流中心的

---

① 杨子清：《石油区域物流中心选址及设施规划研究》，载《物流工程与管理》2012 年第 3 期。

② 荆瀛：《中石化科学管理营销模式探析》，载《中国石油化工标准与质量》2013 年第 11 期。

一次运输，依据配置计划和营销需求向资源公司提报需求计划，做好与资源公司的衔接，配合资源公司优化一次物流，提高一次物流到位率，保证市场供应；另一方面是“下传”加油站和其他终端客户，即为从物流中心到加油站，以及其他终端客户的二次配送，主要任务是以配送优化为中心，消灭区域内的对流运输，确保物流的一次直达，变“要货制”为“补货制”。同时进一步维护、扩大窜换配送的方式，降低物流费用①。

2. 仓储功能

石油区域物流中心以油库作为仓储设施。在硬件设施方面，设计出合适的油库库容、油库布局和油库接卸、发油能力。在软件管理方面，库存管理主要任务是加强基础管理，优化库存布局，进行一、二次物流的有机衔接，实施动态监控和动态预警的库存管理，并与营销管理部门按时对接，根据动态库存管理的要求做到快速反应。

3. 物流信息处理功能

石油区域物流中心一般建有物流信息系统以及 ERP 系统等物流软件，对各种物流作业中产生的物流信息（如各种台账、报表和记录等）进行实时采集、分析、传输以及加工整理等，优化成品油的调运作业。统一信息平台的搭建，一方面通过信息的收集和分析了解当前的经营状况，便于管理者作出相关调整；另一方面能够快速了解顾客的个性化需求，从而迅速作出反应。

4. 接卸功能

从炼厂到油库和从油库到加油站的过程中各有一次接卸过程。正是接卸过程将成品油运动的各个阶段连接成为持续的“流”，是各阶段之间相互转换的桥梁。成品油计量交接管理的规范性以及发油台、卸油栈桥、卸油泵房等硬件设施的完善，将有利于提高库、站点的利用效率；加快石油送达，减少流动资金的占用；减少油品亏损等。

除了以上这些基本的物流服务功能外，石油物流中心还在宏观层面上发挥着自身的作用。

1. 现代物流基础设施的建设，有利于区域运输体系的发展

---

①　陈永亮：《中石油销售企业物流配送策划研究》，载《物流技术》（装备版）2012 年第 8 期。

我国地大物博，但是石油资源较为分散，产地与消费地相隔较远，而我国的铁路运输资源又非常紧张，因此导致了成品油运输的高成本和低效率。石油区域物流中心的建设，可以优化其配送路径，在大幅降低成本的同时还能提高配送效率，整体提高物流服务水平。

2. 统筹区域资源，实现成品油物流一体化

由于我国的物流产业起步较晚，目前还处于一个比较粗放式的发展阶段，因此与其配套的设施设备都不够现代化，并且没有进行过合理的规划，其中大部分都是为系统内服务的。

物流一体化是指不再局限于单个的物流服务，而是以物流系统为核心，整合供应链上下游的所有资源，通过协调供应链上的企业与消费者之间的关系，突破行业界限的束缚，实现资源的统筹配置。作为协调供应链上下游企业之间总体资源的枢纽，通过分析生产地与消费地之间供求不对称的市场现象，区域物流中心协调好资源的合理配送问题，从而降低配送成本，同时解决了消费者的需求问题①。

3. 改善环境，同时促进行业和区域的发展

由于经济的快速发展，全球变暖问题也因为污染的不断加重而变得日益严峻，其中二氧化碳的主要“生产者”就是来自于汽车尾气的排放，由于环境问题而造成的巨大的经济损失，使得我们在进行物流活动的规划与决策中采用对环境污染最小的方案，必将被物流企业在物流活动中所推崇。区域物流中心能够对区域运输进行统一规划，减少道路、站点、装卸平台等基础设施在城市内的土地占用；同时还能根据实时的交通状况合理规划路线；通过统一调配车辆，有效提高车辆运载率，从而在一定程度上减少环境污染。另外，运输工具的节能效果，不但能减少对环境的压力，而且作为物流成本中最大的燃油，其消耗量的降低，也能大幅削减其成本，达到保护生态环境和降低经营成本的双赢效果。

同时，物流中心是集约化经营的物流运作载体和网络节点。核心在于布局集中、资源集聚。应用多种交通工具的联合运输方式，能够实现消费者各式各样的个性化需求，实现无缝对接。另外，物流中心不仅可以提供传统物流当中的基本物流服务，还可以根据客户需求提供额外的增值物流

① 杨晓东：《物流中心的设置与比较分析》，载《铁路采购与物流》2010 年第 7 期。

服务。

除了能为区域内的企业提供现代化物流服务，物流中心的聚集还可以带来行业的集聚效应①。这为物流企业的集约化经营创造了有利条件，有利于促进专业分工，提高经济运行质量和效益。物流的需求方将业务外包，集中精力专注于自己的核心业务，把企业的物流交给专业的第三方公司，还能有效地降低成本。而这又促进了专业的第三方物流公司的快速发展。而作为平台型的企业，则可以放弃传统的物流业务，转而向“物流服务平台”发展。

（三）物流中心与配送中心、物流园区的区别

物流中心与配送中心、物流园区的区别，见表2-2。

表2-2　　物流中心、配送中心、物流园区的区别

	物流中心	配送中心	物流园区
定义	处于枢纽或重要地位的、具有较完整物流环节，并能将物流集散、信息和控制等功能实现一体化运作的物流据点	以组织配送性销售或供应，执行实物配送为主要职能的流通型节点	一家或多家物流（配送）中心在集中布局的场所，有一定规模和综合服务功能的物流集结点
辐射范围	相对较大	相对较小（一般在300公里以内）	相对最大
处理对象	大批量、小批次、少品种的商品（单一或性质相近）	进货对象是大批量的，配送对象是小批量、大批次、多品种的	众多的商品
服务项目	相对专一	相对专一	功能全面的综合服务
上游	工厂	物流中心或工厂	工厂
下游	配送中心或批发商	零售店或最终消费者	配送中心或批发商
性质	企业行为	企业行为	政府行为

① 钟哲辉、张殿业：《基于博弈机制的物流信息共享研究》，载《经济问题》2009年第6期。

第二节 石油区域物流中心产生的动因分析

一、石油区域物流中心产生的动因

（一）成品油量迅速增加

由于我国现代物流产业的逐步发展，再加上居民生活水平的大幅提高，私家车数量逐年递增，对于成品油的需求一直处于增加的态势。2010年第二季度我国成品油消费量为5470万~5570万吨，同比增长5%左右。预计成品油将继续稳定增长，而货流量的增加将促进运输量的增长，也将促使作为物流结点的油库功能的演变：从原来单一的储藏功能发展到接卸、配送、信息处理等多种功能。

（二）多式联运的发展

由于我国的地域因素，成品油的生产相对集中，但是又因为东西部发展的不均衡性导致需求较为分散，使得我国成品油的运输成本一直降不下来。近年来，石油、石化两大集团“分区而治”，都在自己区内发展大炼油厂，特别是扩大西北和东北的炼油厂加工量更加剧了这个矛盾①。

由于我国成品油运输距离长短不一，再加上地域的特殊性和复杂性，对运输过程中的物流监管提出了严格的要求。当使用单一的运输工具时，货物不需要在不同运输工具间进行转换；但当铁路、公路、海运等多种运输方式结合在一起使用时，货物在运输工具间的转换使得物流业务复杂化。并且各种运输方式的运输成本不一，在需要转换运输方式时，各种运输方式的费用问题是不可忽略的，水路运输成本最低，是铁路运输成本的1/10，而管道运输的费用居中，并且其安全性大大高于铁路或公路运输。但是由于我国成品油运输发展的滞后，管道运输需要前期的规划和建设，因此目前管道运输的比率较低，主要依靠铁路运输。但是随着我国成品油运输的迅速发展，运输路线规划的日趋成熟，管道运输的比例未来将会不

① 何添锦：《区域物流对城市群经济协调发展要素的作用机理》，载《中国物流与采购》2010年第2期。

断增加①。因此，我国今后将大力推广管道运输的使用，在长线运输中首选管道运输，通过与其他运输方式的合理搭配，取长补短，使得运输路线更加合理。多种交通工具的并存会带来油品在不同运输工具间的转换和交接，提高运输效率的同时也对物流基础设施的建设提出了更高的要求，只有完善相对应的配套设施才能够使这项工作真正地落实到位，区域内的物流节点才能真正地发展成为物流中心。

（三）流向和运距的合理性

过去油库“小而全”的惯例虽然能够满足消费者的需求，但是会导致库存成本较高，油库的使用率不高。为了合理使用油库，我们应该按照各自的位置和功能的不同，根据资源配置、运输计划优化的结果来安排库存种类和数量，提高使用效率的同时还能降低仓储成本。这样，具有统筹安排功能的区域物流中心就应运而生。

（四）物流成本压力

由于石油类商品在我国属于国家垄断性商品，一般的私营企业不允许参与进来，只有中石油、中石化这样的国家大型企业才能够进行石油的开采和销售，目的就是为了保护我国的石油资源，控制石油价格，保障消费者的基本利益。因此，石油企业的产值和规模每年都有几百亿元甚至上千亿元，其中蕴含的可降低的物流成本也是非常客观的。而随着我国加入世贸组织以后，我国的石油市场也逐渐地与国际接轨，面对更加激烈的国家化竞争，我国石油企业不得不降低成本来迎接来自国内外的各种机遇和挑战，由于石油运输中蕴含了巨大的潜在可降低空间，因此我国的石油企业纷纷改善传统的石油配送模式，通过大力发展现代物流产业来对现有的配送模式进行升级。目前看来，我国的石油运输业务依旧是企业自营与外包相结合的模式，考虑到石油属于国家重要的战略资源，因此不可能完全开放市场来促进其快速发展，并且由于石油运输行业前期对于基础设施建设需要投入巨大的成本，我国石油企业只能依靠自身完善对应的基础设施建设来提高自身的配送效率，就目前来看，这种运用模式也取得了一定的效果。但是由于我国石油企业规模巨大，传统的大而全的陈旧观念依旧存

---

① 杨静：《基于城市规划环境的石油物流中心建设条件及仓储物流用地布局研究》，载《物流技术》2014 年第 10 期。

在，无法从根本上解决目前高额配送的成本问题。随着石油市场的进一步开放，消费者对于石油产品的需求呈不断上升趋势，我国未来的石油资源不得不更多地依靠境外油田，而这又对我国石油企业的海上运输提出了新的要求，由于没有自己的海上运输船队，我国石油企业不得不转变思维构建石油区域物流中心，因此集合多家第三方物流就上升到了战略性高度。

（五）经济、科学技术的发展

科学技术的快速发展使得高科技信息技术纷纷应用于石油物流产业，为区域物流中心的建设提供了可靠的技术支持。

然而，物流中心的建设仅仅依靠信息技术是不行的，区域经济的健康发展是区域物流中心建设基本的外部条件，同时对物流中心的规模和功能也产生了影响。其一，原来传统的仓库已经跟不上社会上更加多元化的需求，经济的快速发展对现代物流中心提出了更高的要求，使其能提供较大的综合物流场所与城市经济发展相配套；其二，城市化进程的不断推进，交通状况的日益恶化使得原本处于城区的旧仓库只能向外搬迁，同时通过升级硬件设施，扩大规模，形成物流中心①。

二、石油区域物流中心产生的理论阐释

（一）物流管理理论

1. 物流的基本概念

英语物流 LOGISTICS 的含义是“以最符合逻辑的方法输送货物”，“逻辑”两字即意味着最理想、最方便、最快捷、为客户量身定做。根据中国国家标准（《物流术语》GB/T18354-2001）中的定义：物流是指根据市场需要，物品从生产商到客户的实体流动过程，在整条供应链上全方位满足客户需求。这个过程中包含运输、仓储、装卸、搬运、包装、流通加工、配送、信息处理等基本功能。但我国企业对物流的理解，还仅仅停留在“货物的流动”、“从一个地点搬到另一个地点”、“仓储加运输”等。目前，物流领域已成为企业的第三利润源，挖掘对象是生产力中劳动工具的潜力，以期降低物流费用②。物流概念的含义见图 2-2 所示。

---

① 海峰：《区域物流论：理论、实证与案例》，经济管理出版社 2006 年版。

② 杨希玲、张永恒：《物流管理概论》，中国轻工业出版社 2014 年版。

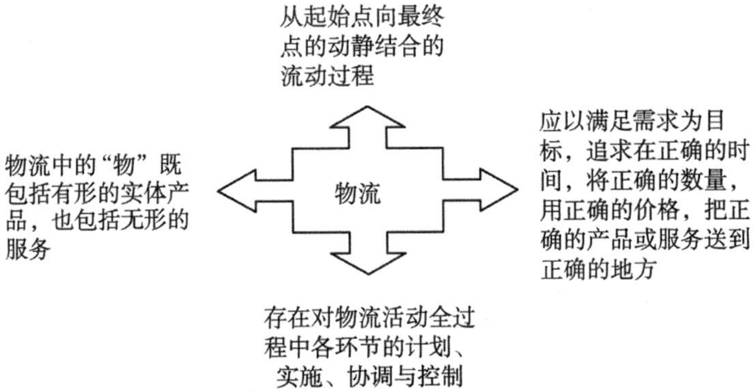

图 2-2 物流的含义

在物流领域中效益背反是极其普遍的，这种现象是指物流活动中的某些环节之间是相互损害的，即为了能够及时满足顾客需求，尽快发货，这就要求仓库备有一定的安全库存，虽然提高了配送的效率，但是使得仓储的成本提高了很多。为了实现局部最优就必须损害其他部分的利益。因此，为了寻求解决办法，现代物流强调“整体运行”的运行过程和“整体效益最佳”的运行结果，要求物流系统的各个环节，必须按“整体效益最佳”的运行方案规范操作，可以有效地避免“效益背反”的现象。现代物流管理涉及企业的各个环节，每一个物流环节的改善都离不开管理效率的提高。所以，对企业物流状况进行审视，就能从一定程度上判断出企业的管理水平。现代物流的三大主要功能包括仓储、运输、配送；四个辅助功能则包括包装、装卸、流通加工和信息处理。其中，运输是运动中的活动，也是物流活动最主要的环节，因为其占用的时间最长，耗费的成本也最多。在物流费用当中，运输环节所耗费的成本是最高的，并且运输途中的作业数量也是种类最多的，因此其节约潜力很客观。我们可以通过有效地规划路线和提高运载效率来节约运输成本。

2. 物流与商流

商品的流通过程包含了商流和物流两个方面。他们彼此之间相互独立，各自拥有独特的运行机制，但是又相互统一，构成了商品流通这个完整的过程。商流是指物品在流通过程中发生形态变化的过程，即由货币形态转化为商品形态。商流与物流的异同点比较见表 2-3。

表 2-3　　　　　　　　　　**商流与物流的异同**

		物　流	商　流
联系		都属于流通领域，是商品流通的两种不同形式，在功能上互相补充。通常是先发生商流后发生物流，在商流完成以后再进行物流	
		都是从供应者到需求者的流动，具有相同的出发点和归宿	
区别	流动的实体	物资的物质实体的流动	物资的社会实体的流动
	功能	创造物资的空间效用、时间效用、形质效用	创造物资的所有权效用
小结	先有商流，然后才有物流。商流是物流的上游，没有上游就没有下游，所以要靠商流带动物流。但是如果没有物流，商流也无从实现，商流越兴旺，则物流愈发达，反之如果物流服务滞后也会影响商流的发展。因此，两者之间是相辅相成，相互促进的		

随着商品流通的深化、企业管理的需要和信息技术的发展，企业物流与商流分离成为必然的趋势，它是企业供应链优化的必经之路。商流物流分离是指公司不论商流运行状态如何，物流都是由总公司直接发给零售终端或客户。这种情况下，分公司不存在物流过程，只有商流和资金流。企业内部商流可能存在一次以上结算，而物流是直达的。这样一来，企业商流把主要精力放在市场上，通过对公司所辖市场进行整体调研、分析后制订营销计划。目的就是扩大市场份额，提高营销质量。而企业物流把主要精力放在优化物流上，目的就是确保物流安全，降低物流成本，加快物流速度，确保营销计划的全面落实①。

在商流、物流分离前，物流需要依靠商流才能运作，主要分为两段：公司—分公司的货物调拨和分公司—零售终端（客户）的货物配送过程。基本业务模式如图 2-3 所示。

商流物流分离后，分公司将实现零库存，不再对货物的实体进行保管，因为只有总公司才有发货权，由总公司不经过下属分公司直接发给客户。分公司只有商流和信息流。基本业务模式如图 2-4 所示。

成品油物流的过程如图 2-5 所示。

成品油物流过程可以分为一次物流和二次配送过程，如图 2-6 所示。

① 蔡德洪：《对提高成品油公路配送效率的思考》，载《国际石油经济》2014 年第 5 期。

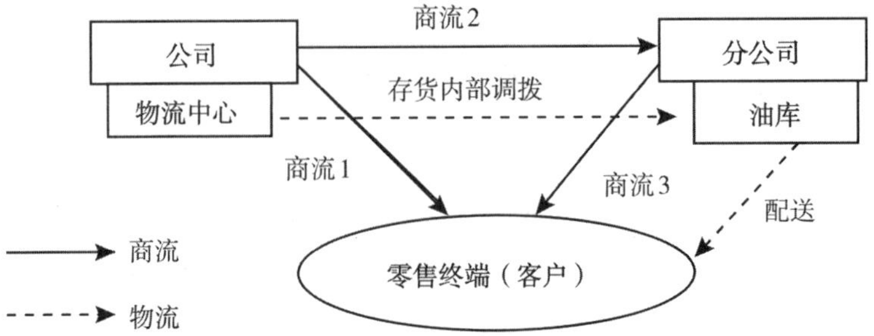

图 2-3　商流物流分离前基本业务模式

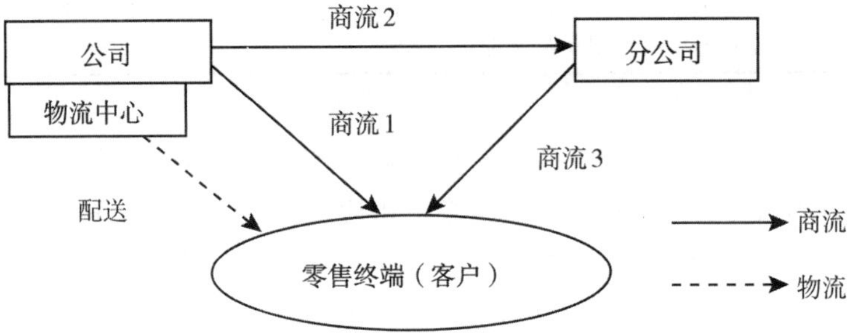

图 2-4　商流物流分离后基本业务模式

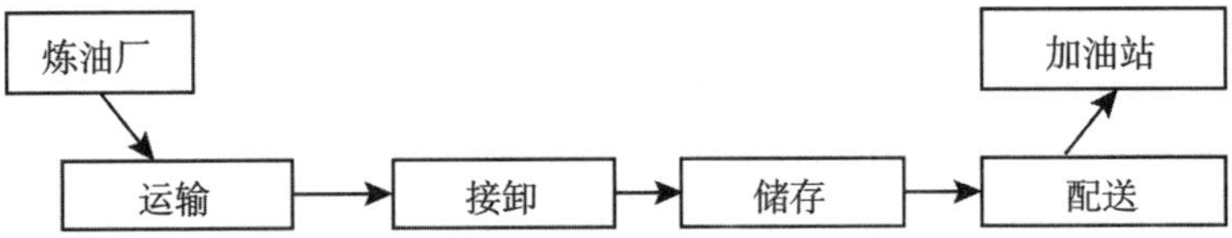

图 2-5　成品油物流过程

（1）一次物流是指石油在炼油场加工完成之后，流向下属各省级或直辖市油库的过程，是由区内大区公司负责管理和组织的。即在销售公司综合分析资源和市场信息，下达成品油配置计划后，协调资源公司制订一次运输计划，同时还要协调、监督炼厂执行一次物流运输计划，也即协调好管道、水运和铁路的运输。

此阶段的运输方式分为四种，分别为铁路、水路、公路和管道运输。其中，铁路运输主要由铁路罐车和石化企业自备罐车组成，水路和公路运输主要是由社会运输单位承运，管道运输是指自有的成品油管道。由于目

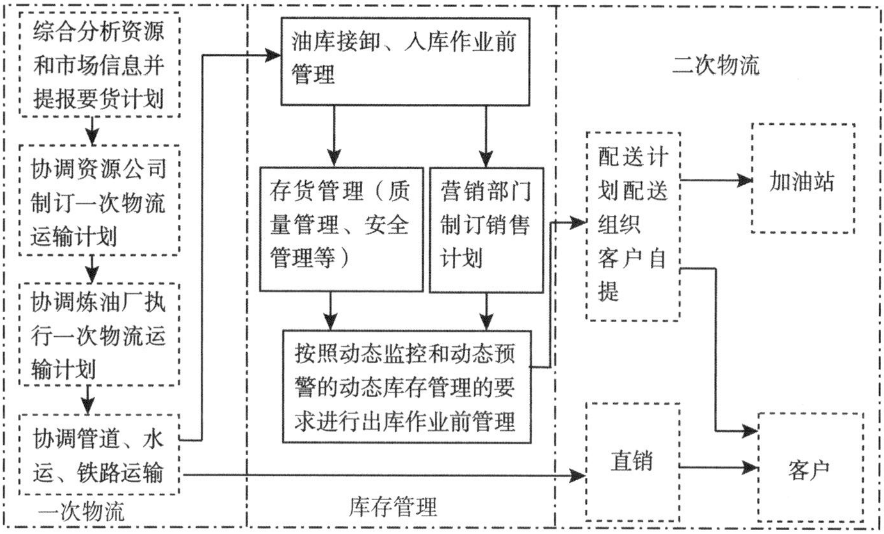

图 2-6 成品油物流体系

前我国石油管道覆盖面积有限，大部分的石油运输都要依靠铁路运输。由于铁路运输过程环节复杂，耗费时间较长，且安全系数不高，使得整个石油运输成本居高不下，效率低下。

（2）二次物流是指石油产品经过市、县级石油公司，到达各个加油站的过程。因为二次物流的过程包含了成品油再次出库，二次配送等物流环节，因此通过对二次物流各个环节的优化，可以有效地降低物流费用，提高货物的周转率，从而提高资金的利用效率。

优化公路配送是二次配送管理的核心内容，包括从配送计划制订到油品送达加油站的全过程优化。配送计划制订上，要实现对自营加油站需求的科学预测，结合油库分品号库存情况，自动生成补货计划，实现对自营加油站的主动配送，并通过优化软件系统，采用最短、最经济配送路线。配送过程管理上，要通过一票通系统和 GPS 系统，实现配送过程的有效监控，提高配送效率，减少过程损耗。数据采集上，要通过液位仪、IC 卡及自动付油系统集成，自动采集库存数据、加油站销量和油库实际付油信息，为公路配送优化提供及时、准确的信息。

（二）供应链管理理论

从供应链的角度来分析，石油供应链按照链条上企业的位置可分为石油的勘探与生产、运输、炼油、化工、分销、客户等环节。相较于普通的供应链，由于石油开采的难度比较大，加上石油的特性使得对运输工具的要求也很高，导致它供应链的复杂性。也为协调石油行业供应链中的产、供、销关系提高了难度。每次油价的上涨都牵动着国家和广大消费者群众的心①。其实，油价的上涨除了国家政策的影响之外，很大一部分原因是由国际和国内石油供应链产生问题而导致的。

从成品油供应链的社会功能来看，属于不可再生资源的成品油，是关系国计民生的战略性能源，决定了成品油行业必须追寻社会效益和经济效益的最佳结合。目前，成品油供应链管理也逐步转变为面向供应链流程的系统工程管理，包括组织决策、运输管理、渠道关系管理及绩效评价等。

因此，作为产供销一体化的成品油经营企业，物流发展的目标重点在于：

1. 缩短整个供应链响应周期

影响供应链竞争力一个最大的因素就是供应链的响应周期。所谓供应链的响应周期就是整个供应链从接到客户订单到最终把产品交到客户手中所花费的时间。实践表明，在整条供应链的生产周期中，实际生产所用的时间不到总体的5%，其他绝大部分时间都浪费在货物流通上，因此缩短供应链的响应周期，能够有效减少物流成本。由于我国石油资源的特殊性，石油开采地偏离其主要消费市场的情况无法在短时间内得到改善，因此为了能够有效降低运输成本，只能通过加强供应链内部各企业之间的协调关系，提高市场反应速度，缩短石油在运输过程中的等待时间，从而缩短整条供应链的响应周期。

2. 降低供应链的总体成本

评价一个国家物流管理水平的高低，主要是看物流成本占供应链总消费中比例的高低。在物流管理水平高的国家，物流成本占供应链总成本的9%左右，而在我国，物流成本占供应链总成本的比例则高达20%，有的甚至达到40%左右。高额的物流管理费用说明我国在物流活动中的组织规划以及协调能力都比较落后。目前石油企业的物流活动分为一次物流和二次物流两个部分，对于这两个物流环节我们应该分别对其进行组织管理，通过绩效考核的管理模式对每个物流环节进行分析优化，在优化过程中，应

① 郭云涛：《石油企业可持续供应链管理成熟程度模型框架研究》，载《物流科技》2015年第10期。

该打破传统的局部最优的狭隘观点，从总体效益出发，突破本位主义的束缚，将一次物流和二次物流中的所有物流环节统筹考虑进行优化和管理，从而降低整条供应链上的成本①。

3. 提高供应链的服务水平

物流产业作为服务性的第三产业，提高物流服务质量是提高企业核心竞争力的一个重要手段，因为顾客满意度的高低直接影响到企业的经营绩效。想要为顾客提供更快更便捷的物流服务，优化物流配送渠道的结构是一个很重要的方面。因为物流作为一个连续性的行业，其物流作业过程可以发生在任何时间、地点，很多时候还需要跨越地域的限制，因为物流配送直接与客户接触，所以其直接决定了整条供应链的服务水平高低②。虽然顾客的满意度和物流服务质量的好坏很难用一个量化的指标进行衡量，但是在激烈的市场竞争环境下，提高物流服务水平变得越来越重要。

① 王道平、王利：《现代物流管理》，北京大学出版社 2014 年版。

② 沈茎、曹俊：《成品油供应链优化策略研究》，载《物流科技》2014 年第 11 期。

第三章　石油区域物流中心的构建

第一节　石油区域物流中心合作伙伴选择

一、石油区域物流中心合作伙伴特征

石油领域中的物流合作伙伴，由于其作用对象的特殊性，具有区别于普通意义上的第三方物流的以下特征。

1. 第三方物流服务的实现集中于运输

传统物流的功能一般可概括为包装、装卸搬运、运输、仓储、流通加工等。一般意义上的第三方物流企业，在为企业提供解决方案的时候常常会实现其中的多项功能。即使某个第三方物流企业只实现了其中的一项功能，其他的功能也可以通过外包给其他物流企业来实现。而在石油领域内，第三方物流企业的作用基本上局限在实现石油运输这一项功能上。即使有极少数企业进行石油的仓储等活动也只是极其短暂和有限的周转，这是由石油的自身特点决定的①。

石油不是一般的商品，属于基础能源。石油公司通过对油田的勘探和开采获得这种资源并使其商品化。这一特点决定了对石油的包装、仓储、装卸搬运、流通加工等都主要由生产企业（即开采企业）来完成。这些功能难以通过外包给第三方物流企业来实现。所以，能源运输成为在石油领域内第三方物流企业实现物流服务的最主要职能。

2. 石油产品的第三方物流市场壁垒很高

第一，因为石油产品作为国家的重要能源，在我国属于国有专营商品。在物流过程中一旦发生泄漏，不仅会造成货品价值的流失，影响物流

① 孔继利：《物流配送中心的规划与设计》，北京大学出版社 2014 年版。

服务质量，更重要的是还会对环境产生不良影响甚至造成难以估量的危害。所以，石油这类特殊商品的运输和储存都需要专门的设备，从事石油物流行业的技术人员也需要经过专业的培训才能够有资格从事这项业务。这种专业化的要求极大地提高了第三方物流企业进入石油物流市场的门槛。

第二，石油商品属于易燃易爆类的危险物，且价格昂贵，管理维护费用较高，对从事石油物流企业的经济实力提出了较高的要求，所服务商品的高价格客观上要求物流企业能承担意外货损所带来的经济风险。

第三，石油领域第三方物流的壁垒不仅仅来源于经济因素。鉴于基础能源对国家、社会的重大影响，政府对石油、液化气等特种物品的物流服务实行严格的市场准入制度。虽然加入 WTO 后，国家对石油行业市场的准入在不断开放，但石油作为关系国家经济命脉的战略物资，其特殊重要性使得政府仍对其进行严格的管制，进入能源物流市场的门槛仍然很高。

二、基于 AHP 法的石油区域物流中心合作伙伴选择

AHP 法是由美国著名运筹学家、匹兹堡大学教授 T. L. Satty 提出的。理论核心是将一个复杂的问题分解成若干个构成要素，根据彼此之间的支配关系形成层次结构，然后通过用两两比较的方法来确定该决策方案是否重要①。本书应用 AHP 法将定性评价指标进行量化处理，实现候选合作伙伴的基本面评估，来完成区域物流中心合作伙伴的选择。

影响合作伙伴选择的因素众多，在选择合作伙伴的过程中影响因素的确定也至关重要。由于跟石油区域物流中心合作的企业大部分是物流企业，所以应该从物流企业的角度进行考虑。在此处构造的 AHP 模型中，以企业资质、历史信誉以及与下游企业合作关系作为基本准则层。在这三个基本准则下面，设立相应的评价指标作为区域物流中心合作伙伴选择的影响因素。

① 该方法是美国运筹学家匹兹堡大学教授 T. L. Satty 于 20 世纪 70 年代初，在为美国国防部研究“根据各个工业部门对国家福利的贡献大小而进行电力分配”课题时，应用网络系统理论和多目标综合评价方法，提出的一种层次权重决策分析方法。

企业资质：包括企业的资产规模、人力资源状况、财务状况和专业水平、管理水平等。其中，专业水平包括深入了解石化行业的专业知识，拥有石化行业 IT 产品解决方案，有能力进行管道运输网络规划、施工和维护等。管理水平包括应急能力、协作能力、信息化程度等。

历史信誉：由此可看出候选企业的口碑和历史经验。

合作关系：一方面，可以反映出合作企业之间的历史往来业务基础，包括合作双方是否长期保持着业务来往。另一方面，合作双方之间具备先进的信息技术，可以为虚拟物流中心的组织规划提供技术支持①。对于合作性指标，采用以下的评估指标：合作时间、合作次数、合作方式、互补核心能力、合作意愿。因此，候选合作伙伴的 AHP 层次结构如图 3-1 所示。

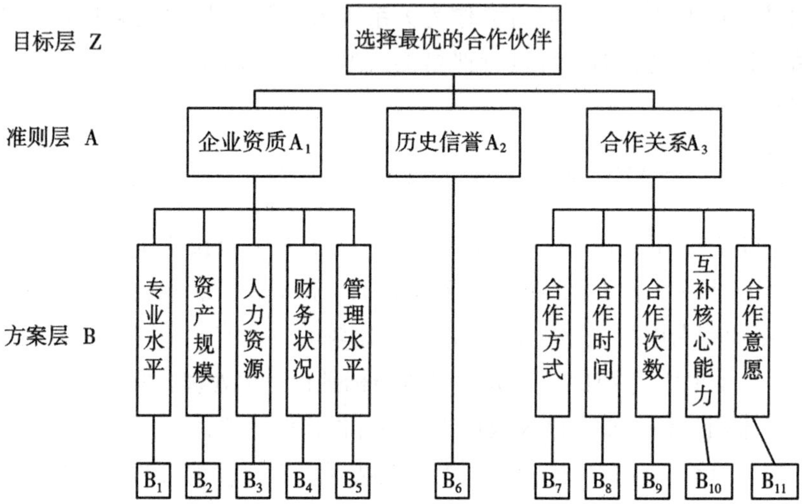

图 3-1　候选合作伙伴的 AHP 层次结构

因此，假设 $E_1, E_2, \cdots, E_m$ 是 m 个可供选择的伙伴，$I_1, I_2, \cdots, I_n$ 是 n 个评价指标。另外，为了评估这些候选企业，成立一个由 P 位专家组成的评估小组。首先确定每个评价指标的相对重要性，然后专家根据自身的经验和以往企业运作中积累的经验数确定每个评价指标的权数。因此，设

① 陆卫忠：《网络服务于应用服务器管理》，高等教育出版社 2004 年版。

w_1, w_2, …, w_p 为评价指标的权数，其中 $w_1 + w_2 + \cdots + w_p = 1$。接着，每一位专家对候选伙伴按每一个评价指标进行评估，并求出各候选伙伴在每个评价指标下的权数，如表 3-1 所示。

表 3-1　**各候选伙伴在每个评价指标下的权数**

影响因素	I_1	I_2	…	I_n
资产规模	w_{11}	w_{12}	…	w_{1n}
人力资源	w_{21}	w_{22}	…	w_{2n}
财务状况	w_{31}	w_{32}	…	w_{3n}
管理水平	w_{41}	w_{42}	…	w_{4n}
专业水平	w_{51}	w_{52}	…	w_{5n}
历史信誉	w_{61}	w_{62}	…	w_{6n}
合作时间	w_{71}	w_{72}	…	w_{7n}
合作次数	w_{81}	w_{82}	…	w_{8n}
合作方式	w_{91}	w_{92}	…	w_{9n}
互补核心能力	$w_{10,1}$	$w_{10,2}$	…	$w_{10,n}$
合作意愿	$w_{11,1}$	$w_{11,2}$	…	$w_{11,n}$

最后，每个候选企业在每个评价指标的权数乘以该评价指标的权数之和就是该企业总评估分数 T，即

$$T = \sum (W_{ni} \times W_n),\ i = 1,\ 2,\ \cdots,\ m$$

其中得分最高者就可获选为合作伙伴企业。

关键的一点是，各个评价指标的权重如何判断，包括各专家的权重系数和各企业针对各指标的分数。其步骤如图 3-2 所示：

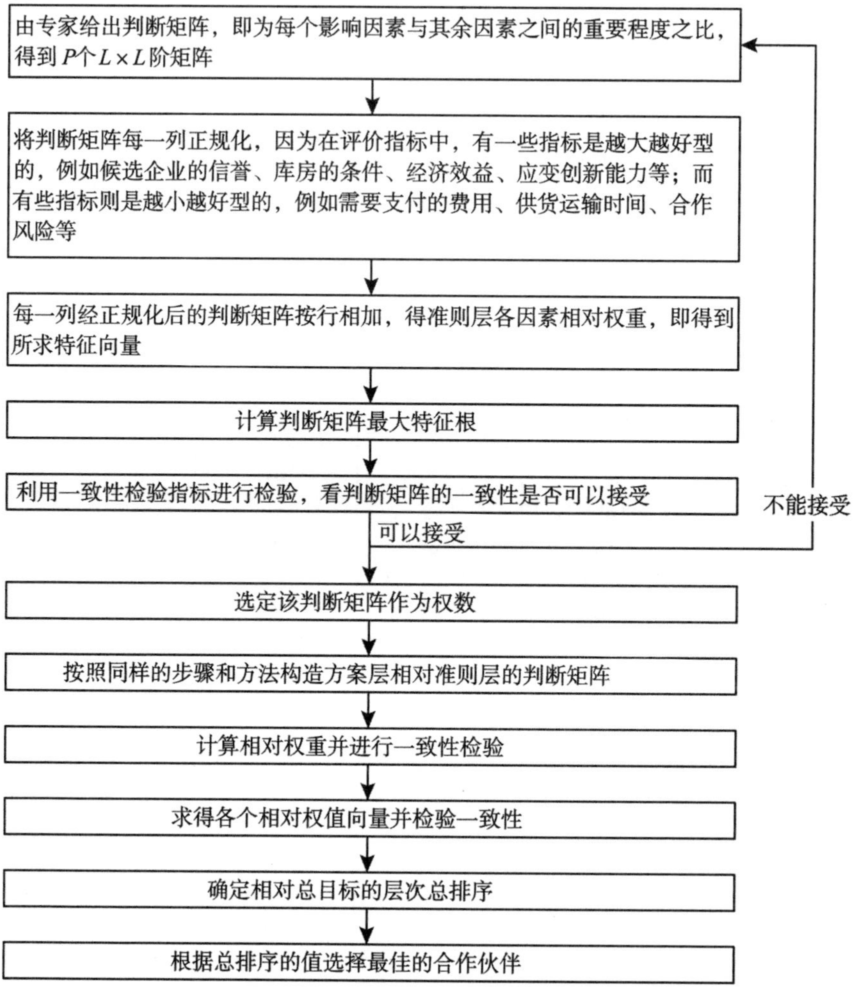

图 3-2　影响因素的权数和候选企业在每个影响因素下的权数确定

第二节　石油区域物流中心合作机制设计

经济学上的委托—代理关系，泛指任何一种涉及非对称信息的交易。而第三方物流的本质就是一种契约关系。即委托方将自己的物流业务外包给代理方，即第三方物流企业来处理。所以，第三方物流在本质上其实就是一个博弈的过程①。

一、合作的动力博弈模型

石油区域物流中心合作机制设计是一个不完全信息动态博弈过程，这一内在的委托—代理机制通过下述模型表示。本研究的假设前提见表3-2。

表3-2　**假设前提**

假设	内　　容
假设（1）	代理人的高水平服务会满足委托人物流的需求，而低水平服务则会造成因配送不及时、油品出现质量问题，影响终端客户满意度的问题，并给委托人带来物流损失 d（由于外界不可抗力因素对委托人自营与选择第三方物流的影响大致相当，且其影响可通过投保而转移，故可不考虑其对满足物流需求结果的影响）
假设（2）	对代理人来说，提供高水平服务的成本 C（H）大于提供低水平服务的成本 C（L）。比方说，对少量配送的拒绝和拖延，等待整车装满后再行配送就会减少分摊成本
假设（3）	委托人只能根据代理人的工作成果（委托人的物流需求是否得到满足）支付报酬。如果委托人的物流需求得到满足，委托人支付给代理人的报酬为 W_1；反之，则为 W_2

如图3-3所示，博弈的过程总共分为三个阶段。图中括号前一个数字表示委托人收入，后一个数字代表代理人的收入。

在博弈的第一阶段，委托人进行战略选择。如果委托方选择自营物流，那么博弈结束，双方均无收入。如果委托人选择进行物流外包，则进入博弈第二阶段。这个阶段由代理人作选择，如果其选择拒绝合作，博弈结束，双方收入为0。如果代理方愿意合作，则进入博弈的第三个阶段，这个阶段的双方收益水平则取决于代理人提供服务质量的高低。

① 李斌、陈景：《第三方物流企业协同关系的演化博弈》，载《统计与决策》2011年第3期。

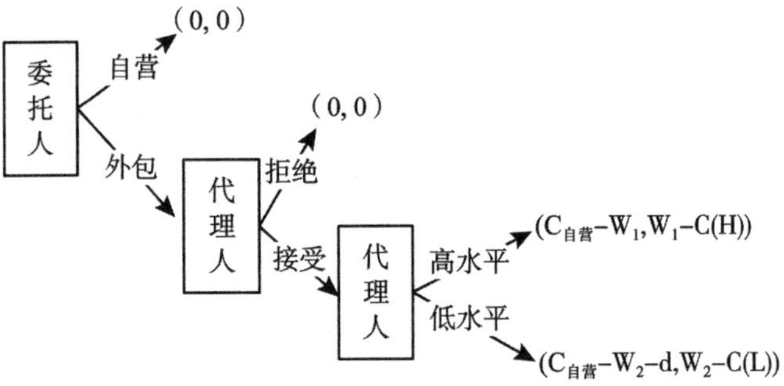

图 3-3　合作的动力博弈模型

二、最优合作机制设计

（一）参与约束分析

从博弈论的角度进行分析，在博弈论的初期，即双方刚刚洽谈合作事宜时，物流委托方必须表现出希望合作的意愿，同时要激发起代理方的兴趣。也就是物流委托方所提供的报酬函数必须满足参与约束；这也是对代理人的行为提出一种理性化假设。这就要求代理方接受合同得到的效用大于或等于其保留的效用，使其接受这份合同比拒绝在经济利益上更加划算，这个假设保障了代理人参与机制设计博弈的利益动机。

对于第三方物流企业来说，如果在第三阶段选择提供高质量的物流服务的话，则在第二阶段当 $W_1 - C(H) > 0$（满足“提供高水平服务”的“参与约束”）时，接受委托；如果在第三阶段选择“提供低质量的物流服务”的话，则在第二阶段当 $W_2 - C(L) > 0$（满足“提供低水平服务”的“参与约束”）时，接受委托。

对于委托方而言，因为之前彼此之间并没有合作过，因此不知道代理方的物流服务能力，只能通过过往的数据和经验来判断这是否为一家信得过的第三方物流企业，对其服务质量的高低进行一个概率估计。假设委托方估计代理方能够“提供高质量的物流服务”的概率为 p，则委托方在博弈第一阶段决定物流外包的条件为：

$$(C_{自营}-W_1)p+(C_{自营}-W_2-d)(1-p)>0$$

综合代理方的参与约束条件与需求方的委托条件可得到以下两点结论：

（1）第三方物流企业运行的前提条件是需求方自营物流所消耗的成本大于第三方物流企业所提供相同物流服务的成本。

因为低水平的物流服务给委托人带来损失的往往是比较大的，所以，在正常情况下，当第三方物流企业选择“提供低水平服务”时，委托方的收益总小于零，即 $C_{自营}-W_2-d>0$。因此由需求方物流外包条件可知必有 $C_{自营}-W_1>0$，即 $C_{自营}>W_1$，结合第三方物流企业“提供高水平服务”的“参与约束” $W_1>C(H)$ 可知：第三方物流企业存在的前提条件为 $C_{自营}>W_1>C(H)$

（2）需求方对第三方可能提供的物流服务水平高低的主观估计会极大地影响第三方物流的发展。

由于 $(C_{自营}-W_2-d)>0$、$(C_{自营}-W_1)>0$。因此，假设其他条件不变的情况下，需求方主观对第三方“提供高水平服务”的期望概率 p 越大，需求方选择物流外包的主观期望收益 $(C_{自营}-W_1)p+(C_{自营}-W_2-d)(1-p)$ 就越大，需求方也就更倾向于将物流业务外包，从而促进第三方物流的发展。

（二）激励相容约束分析

委托人的激励制度设计必须满足两个约束，即参与约束与激励相容约束。参与约束是指代理人执行此契约的效用大于不执行的效用，而激励相容约束是指代理人执行此契约的收益不仅高于执行其他行动的收益，而且委托人的收益也能得到最大化目标。只有满足这两个条件的激励制度才会被有效地实施。因此，为了满足激励相容约束，报酬函数必须满足：

$$W_1-C(H)>W_2-C(L)\text{，即 }W_1-W_2>C(H)-C(L)$$

可见报酬函数必须满足第三方服务商因为“提供低水平服务”而受到的惩罚要大于其因为“提供低水平服务”而节约的成本，使其“提供低水平服务”得不偿失，这样才能对第三方的行为达到激励约束的目的。

第三节　石油区域物流中心构建流程

一、石油区域物流中心选址

因为石油商品的特性，再加上我国成品油运输的现状，使得成品油在运输环节肯定会对环境造成一定的污染，增加外部成本，所以本书从绿色物流的角度来研究石油区域物流中心的规划选址问题。

在之前提到的成品油的物流模型中，一次运输是指石油从炼油厂出厂后运输到下级所属的油库的过程；二次配送是指成品油从油库配送至每个加油站（设有 n 个加油站）的过程。因此本书作出以下三个假设：

（1）炼油厂拥有持续供油的能力，完全满足油库的需求；

（2）每个加油站的位置是固定的，并且能够准确预测未来的需求；

（3）只配送单一油品①。

基于以上的假设，我们建立一个多目标的优化模型，使得运营成本最小。但是因为物流行业的“效益背反”现象，在降低运营成本的同时难以避免会增加外部成本，所以我们应该把运营成本和外部成本统筹考虑，实现总成本最小的目标。

1. 运营成本模型

成品油配送运营成本包括：一次运输成本 E_1，油库库存成本 C，二次配送成本 E_2，由此，在 T 个时间周期内的运营成本模型为②：

$$\mathrm{MinC} = \mathrm{Min}\{E_1 + C + E_2\} = \mathrm{Min}\left\{ \sum_{t=1}^{T} \sum_{M=1}^{3} T_M(t) \times L_1^M(m, n) \times C_1^M(t) \times X^M + \sum_{t=1}^{T} I_t \times CI(t) + \sum_{t=1}^{T} \sum_{N=1}^{n} D_t^N \times L_2^N(m, n) \times C_2^N(t) \right\}$$

其中，变量含义见表 3-3：

表 3-3　　**变　量**

变量名	含　义
$L_1^M(m, n)$	第 M 种运输方式下一次运输的距离
$L_2^N(m, n)$	成品油二次配送的距离
$T_M(t)$	第 M 种运输方式在时间周期 t 内运输的成品油量
I_t	成品油库存在时间周期 t 内的库存总量
D_t^N	加油站 N 在时间周期 t 内的成品油需求量

① Zhang Y. M, Huang G. H, He L: An Inexact Reverse Logistics Model for Municipal Solid Waste Management Systems. Journal of Environmental Management, 2011 (3), pp. 522-530.

② 周雄江：《成品油管道下载油库选址的探讨》，载《石油库与加油站》2010 年第 3 期。

续表

变量名	含　义
$C_1^M(t)$	第 M 种运输方式在时间周期 t 内的一次运输的单位运输成本
$CI(t)$	成品油在时间周期 t 内的单位库存成本
$C_2^N(t)$	时间周期 t 内二次配送到加油站 N 的单位运输成本
X^M	$X^M=1$ 表示使用第 M 种运输方式，$X^M=0$ 表示未使用第 M 种运输方式，（M=1，2，3；分别代表管道运输、铁路运输和水运）

同时上述变量必须满足下面的约束条件：

$$I_t = I_t - 1 + \mathrm{T_M(t)} - \sum_{N=1}^{n} D_t^N$$

$$I_t\ ,\ \mathrm{T_M(t)}\ ,\ D_t^N\ ,\ C_1^M(t)\ ,\ C_2^N(t)\ ,\ L_1^M(m,\ n)\ ,\ L_2^N(m,\ n)>0$$

2. 外部成本模型

在该模型中，我们近似地认为各项成本函数均为线性函数。成品油在配送过程中产生的外部成本主要包括：（1）成品油一次配送的环境成本 $\mathrm{E_1}$，成品油二次配送的环境成本 $\mathrm{E_2}$，配送过程中的环境成本与运输距离、运量的乘积是线性关系；（2）成品油一次配送的安全成本 $\mathrm{R_1}$，成品油二次配送的安全成本 $\mathrm{R_2}$，成品油油库存储的安全成本 $\mathrm{R_I}$，安全成本与运输量或存储量成线性关系；（3）成品油油库存储的环境成本 $\mathrm{E_I}$，库存的环境成本与库存量是线性关系。

可以用函数表示为：

$$\mathrm{MinR} = \sum_{\mathrm{t=1}}^{\mathrm{T}} \sum_{\mathrm{M=1}}^{3} (\mathrm{T_M(t)} \times \mathrm{L_1^M(m,\ n)} \times \mathrm{a_M}) \times X^M + T_M(t) \times r_M \times X^M) + \sum_{t=1}^{T} I_t \times b + \sum_{t=1}^{T} I_t \times r_I + \sum_{t=1}^{T} \sum_{N=1}^{n} D_t^N \times L \sum_{2}^{N} (m,\ n) \times c + \sum_{t=1}^{T} \sum_{N=1}^{n} D_t^N \times r_g$$

式中参数见表 3-4：

表 3-4　**参数含义**

变量名	含　义
r_M	用第 M 种运输方式进行成品油一次运输时产生的单位风险成本
b	成品油在油库存储时所引致的单位环境成本，可通过成品油存储过程中污染物排放当量近似计算。

续表

变量名	含　义
r_I	油库存储时所引致的单位风险成本。可用油库正常运营时所缴纳的单位保险费率近似取值
c	成品油二次配送运输时所引致的单位环境成本。由于成品油二次配送多为汽车运输，通常可通过汽车运输吨公里的污染物排放当量进行近似计算。
r_g	成品油二次配送运输时所引致的单位风险成本，可用危险品运输过程中所缴纳的单位保险费率近似取值。
a_M，r_M，b，r_I，c，$r_g>0$	

因为管道运输基本不对环境产生影响，并且基本上不存在风险，所以 $a_1=0$，$r_1=0$。

3. 总成本模型

从绿色物流的角度分析，在成品油的配送过程中我们应该统筹考虑物流的运营成本和外部成本。在此引入一个决策系数 α，α 的取值依赖于企业的实际情况、行业要求、政府的政策法规综合博弈的结果。则多目标函数可描述为：

$$MinTC = C\alpha + (1-\alpha)R$$

其中　$R=r_M+r_I+r_g$

二、石油区域物流中心设施布局规划

石油区域物流中心的规划其实最重要的还是油库的位置安排，因此应该科学地规划成品油的仓储（油库）设施，随着经济社会的不断发展，人民生活水平的提高，对于成品油商品的需求消费也日益增加，因此建立起成品油仓储（油库）服务的网络体系对于提高顾客的满意程度是非常有必要的。

（一）成品油物流中心设施布局存在的问题

1. 油库容量太小、布局分散不合理、周转率较低

由于油库位置分布的不合理，使得有的地方辐射范围重叠，导致油库总体的辐射范围减小，增加了总体的配送距离，不仅效率低下，还增加了

额外的运营成本，碰上消费高峰期，会使得油库的周转压力较大，无法正常的提供成品油商品。由于我国目前的石油市场管理混乱，每个石油企业都是只从自身的利益考虑，并没有长远地考虑我国石油运输未来的发展，因此而导致了石油企业彼此之间大面积重复建设油库的情况，因此我国的油库周转率平均每年不高于8次，相比之下，发达国家的大型石油公司规划布局合理，油库建设妥当，辐射范围广，再加上所有油库均实行统一管理，因此年周转率普遍高于15次。

我国的加油站网点规划，呈现的特点是布局混乱，缺乏统一规划。在有的城市，市中心的加油站分布过于密集，有的时候在一条很短的公路上修建多座加油站，造成资源的浪费，而农村及边远地区加油站（点）较少，不能满足当地发展的需要，虽然在加油站的分布密度上，我国百公里平均拥有5.7座加油站，是发达国家的两倍左右；但是相反在销量上，发达国家平均每个加油站的销量达到了3200吨/年，是我国平均加油站销量的4倍①。

2. 油库布局与社会发展规划的矛盾突出

因为我国的城市化进程较晚，城市规划也发展得较为缓慢，因此并没有考虑到油库的布局问题。但是随着我国城市化进程的不断推进，城市的范围也在每年扩大，很多以前建造的油库已经被周围的城镇包围，曾经处于郊区的油库，如今已经成为“城中库”，为了提高油库的运作效率，配合城市化的进程，这些油库必须搬迁。

另外，大多数在计划经济年代按行政区域均衡布点建设，几十年后的今天则出现了不平衡现象，沿海靠江及成品油需求大的地区仓储设施凸显不足，而有的地区仓储设施处于部分闲置状态，造成资源浪费②。

3. 油库的自动化程度低

影响油库计量交接管理的主要问题在于人员和设备两个方面。从人员来说：由于油库计量操作人员排班的问题，大部分油库在卸、发、存油品计量作业时只安排一个人当班，由于油库计量操作工作量很大，耗费的时间较长，计量数据准确与否完全取决于当班计量员的工作责任心和操作水

① 孙永风、杨秀：《中国成品油销售企业物流优化探析》，载《国际石油经济》2011年第8期。

② 张纪海、肖甜、李婷：《中国成品油供应链现状、问题及建议——以中国石油化工集团公司为例》，载《中国能源》2011年第10期。

平，缺少必要的复核和审核把关，这是影响计量数据准确性的一个重要因素。从设备来说：目前部分油库已经安装了油罐液位计管理系统，由于液位计系统数据不准确或是运行不稳定，液位计计量数据还没有运用到油库的库存计量管理工作当中。可见，目前油库的计量管理还主要依赖于人的操作和管理，自动化计量和管理还没有得到广泛接受和应用。

4. 油库硬件设施有待提高

部分在用车辆技术状况差，使用年限长，有的已达到报废标准，须强制报废。但由于工作需要及车辆调配不到位，油库仍在使用这些车辆，给交通安全管理埋下了极大的隐患。另外，还存在消防系统的不匹配问题，定量发油系统、储罐液位系统、视频监控系统、可燃气体报警系统和火灾报警系统不完善、不稳定、不协调等问题，硬件设施的配备没有能真正起到应有的功能，不能减轻操作人员的劳动强度。在仓储设施方面，目前运营的大部分油库建于20世纪70—80年代，建库时间较久，设备及工艺设施陈旧简陋，甚至部分油罐已经超过了使用的年限，极有可能会出现安全事故；油库的老化使得保养维修成本较高，且经常会出现故障导致无法正常使用，影响正常运作。尽管近些年石油公司已经意识到设备的安全隐患问题，并且进行了改造和治理，但是仍然无法从根本上改变石油储存设施老化的现状，现有设备无法适应新技术发展的管理要求。

5. 运输格局不合理

一是铁路运输比重偏大。有的油库铁路线上的装卸配套设施不够完善，无法满足现代石油物流的需要，极大地影响了一次配送的效率。二是我国成品油的管道运输起步较晚，管线覆盖面极其有限，且管线的输油工艺不够先进，另外输送的方式主要为点对点，即从炼油厂到港口或从炼油厂到油库。因此，应进一步提高多进油/发油点、多品种输送的成品油管道功能。

（二）仓储（油库）设施布局

油库的布局原则如下：

（1）坚持科学性，为避免重复建设和土地资源浪费，油库应集中布局，逐步将位于城市中心区的油库调整至规划确定的油库区域内。

（2）坚持合理性，油库库容满足市场需求和经营发展的需要，保持合理的安全储备。

（3）坚持前瞻性，既满足当前需要又着眼今后经济发展和市场变化的要求。

（4）坚持便利性，既要控制总量又要为用户和加油站提供优质便捷的服务，尽量缩短运距，满足社会需求。

合理进行油库布局，主要有以下措施：

1. 建设输油管线，改造沿线油库

集中对收油工艺、发油系统和自动控制系统进行改造及对管输配套的储罐进行增容，目的是适应管输对工艺的特殊要求。在消费需求较大、且铁路运输较为薄弱的地区修建输油管道，逐步改变我国石油运输过分依赖铁路的局面，使得整个运输结构更加合理，使得整个输油管线路呈网状完全覆盖，从根本上改变以往油品运输低效率的局面。

2. 按照政府规划要求，迁建城区油库

随着城市发展进程的不断推进、调整，一部分原本处于城市郊区的油库已逐渐变成了城中库。城中库将面临着搬迁，需统一纳入库容规划，按轻重缓急分批实施。库址选择一般要满足以下条件：

（1）在符合城市规划、环境保护和防火安全要求的前提下，尽量设置在炼油厂与加油站聚集地之间，使得石油运输的总距离缩短，使得目前石油库的总体布局趋于合理和顺应未来发展要求。

（2）选择交通便利的地方，同时要兼顾安全。目前石油运输主要还是以铁路为主，应该考虑铁路旁边的石油库便于火车的装卸搬运，而以水运为主的石油库，则应该靠近水运码头，以公路运输为主的石油库，则应该考虑当地的交通运输情况和运输干道的链接等因素。

（3）远离人员密集的区域，或者尽量选在居民区的下风方向。自然灾害发生概率较小或影响较小地区。

（4）远离公共娱乐场所、矿藏、采石场、火灾危险性较大企业、军事要地等区域，使其保持足够大的安全距离。

（5）靠近城市或城镇，便于职工生活所需和子女入学，同时附近又有可利用的消防力量，同时又保持足够的安全距离。

（6）水源充足，便于工厂排水。电力充足，通信便捷。

3. 根据市场变化，扩建部分油库

随着居民生活水平的不断提高，对于成品油的需求也呈现迅猛增加的态势，为了满足顾客多样化的需求，石油类产品的品种也随之增多，以前的油库设计在容量上和油类品种上都无法满足顾客的需要。应增大需求密集区域内油库的种类和容量，满足顾客多样化的需要。

4. 提高油库的安全等级，关闭低效闲置的油库

因为石油化工产品易燃易爆的特性，用来储存石油产品的油库需要保证其安全性。安全工作是油库管理的核心内容，所以应该按照国家相关的安全规范和标准，通过技术改进不断提升油库的安全级别。通过设置自动报警监控系统，来提高油库的安全性。淘汰那些条件老化，无法改善安全级别、低效闲置的油库。

5. 建立战略性的地方商业储备库，提高风险防范和政府宏观调控能力

在煤、电、油的能源安全中，因为成品油的特性，使其成为能源中最容易发生安全意外的一种。加上成品油市场供不应求的局面仍然在长时间内存在，作为国民经济的命脉，为了保证我国经济正常运行，必须建立商业储备库，加强政府宏观调控的力度，保证成品油的正常供应，需提高成品油市场的抗风险能力。

（三）加油站设施布局

加油站的选址与当地的经济发展程度紧密相关。在城市中心地区、中心路口、车辆密集区的地方建立加油站，保证当地石油的正常供应，同时在保证质量的基础上发展数量，采取培育大站、放活小站的措施，坚持“打破行政区域界线，控制总量，合理布局，优胜劣汰”的原则，致力于提高配送效率，保障低库存水平下的物流运行及增强抗风险能力①。

新建加油站布局的具体标准如下：

（1）城市建成区内的加油站宜靠近城市道路，不宜选在城市干道的交叉路口，其服务半径不低于 0.9 公里，中间设有隔离带或黄色双实线标志线的道路，可不按服务半径计算，但两站间行车距离不低于 2 公里。

（2）高快速公路加油站应选择在进出口和沿线服务区建设。

（3）建成区外城市干道加油站应靠近公路或设在交通出入口附近，国道、省道、干线性主干道沿线每百公里不超过 6 对。

（4）除国防战备油站外，中心区规划主要以三级加油站为主，二级加油站为辅。

（5）国、省道双向四车道路段加油站设置每百公里不多于 16 座且同向单侧间距不小于 10 公里；双向两车道路段加油站设置每百公里不多于

① 王志勇：《成品油销售企业物流信息化建设的思考》，载《石油库与加油站》2010 年第 1 期。

10 座且同向单侧间距不小于 20 公里。

（6）县乡级道路加油站每百公里不超过 10 座，相邻加油站间距不小于 10 公里。

（7）除国防战备油站外，加油站用地规模应控制在《城市道路交通规划设计规范》（GB50220-95）内（见表 3-5）。

表 3-5　　**加油站用地规模表**

昼夜加油车次数	300	500	800	1000
用地面积（m^2）	1200	1800	2500	3000

现有加油站逐步调整后的设置标准：

（1）国、省道双向四车道路段加油站设置每百公里不多于 20 座，且同向单侧间距不小于 10 公里；双向两车道路段加油站设置每百公里不多于 15 座，且同向单侧间距不小于 7 公里。

（2）县乡级道路加油站每百公里不超过 20 座，相邻加油站间距不小于 5 公里。

（3）城区加油站设置半径控制在 0. 8 公里。

三、石油区域物流中心规模规划

要确定石油区域物流中心的规模大小必须考虑两个方面的问题：第一是要从宏观角度分析，根据我国目前社会经济发展的态势，结合历史数据和世界经济发展的情况，有效预测我国未来中、长期的经济发展内容。第二是要充分了解市场行情和竞争对手的状况，如：生产能力、市场份额、企业特点、未来规划等。因为石油市场的总体容量是有限的，企业应该根据目前石油市场的竞争形势正确地进行企业自身的定位，从而正确地预测出自身能占有的市场份额。如果预测偏低，企业将失去市场机遇，从而不能抢占未来市场份额，产生规模效益；如果估计偏高，会造成投资失败，导致企业资金使用效率低下。

物流中心所提供的服务数量较少，但是功能比较集中，属于大批量小批次，所以成本较低，物流中心的规模一般较大，能够满足一般的物流需求。反之，物流中心的数目多，物流服务网点分散，市场反应迅速，服务水平也较高，平均规模相应也较小，可以节约前期投入资本，但其运行成本较高。日本作为一个岛国，土地资源稀缺，其物流中心的平均规模根据其类型不同而不同，区域物流中心约15000平方米，在首都圈、近圈、中部圈三大都市圈最大的可达100000平方米，物流中心一般约7000平方米，最大的可达50000平方米，三大都市圈以外的地区其物流设施规模都要小一些。

石油区域物流中心的仓储设备也即油库。油库设置的基本标准是：1.24万立方米的服务半径可为10公里，14.58万立方米的服务半径是10~20公里；17.232万立方米的服务半径是20~40公里，59.463立方米的可服务于石化生产企业和海上船舶用油。而中国成品油消费量的快速增长，导致近年来国内成品油库容增加较快。到2015年，我国成品油库的容量可达7800万立方米，较2009年增加近50%。我国成品油库建设步伐在不断加快，其中，社会经营单位增长迅猛，但增长波动大。2005—2007年，社会经营单位（包括中海油与其他合资公司）成品油库容增长率维持在20%左右。进入2008年后，国内成品油资源紧张加剧，社会经营单位的成品油库容增长率迅速回落至2.6%。预计2015年后，社会经营单位库容基本维持现状或略有增长，但总量仍较小。中海油、中外合资企业等新进入这一市场的企业不断扩张、收购成品油库，扩容态势迅猛。因此，油库规模的大小需在满足生产操作需要的同时还应根据未来经济发展的预测，预留发展的余地。同时罐区容量与油罐规格之间的配套性、选址地点、油库性质和投资环境等均会影响油库的规模。如何提高土地利用率从而达到节约土地和投资的目的是值得探讨的问题①。因此，首先应该控制总量，适当发展。根据区域经济和社会需要以及成品油消费需求的增长速度，保持成品油仓储库容总量年增长控制在15%左右。其次，应该调整存量。对现有仓储油库进行清理，逐步关闭淘汰规模小、设施落后、安全保障性低，布局不够合理、交通不便的油库，对保留下来的油库进行完善提升。

① 陈雪梅、宋义伟、郝瑞梅等：《大型油库储油罐区安全设计》，载《油气田地面工程》2011年第8期。

第四章　石油区域物流中心的运作模式

第一节　石油区域物流中心的管理模式

物流的六大类基本活动为：运输、存储、包装、装卸、加工、物流信息。而其中三大支柱性活动为运输、储存、加工①。

石油具有其特殊性：石油的物流量大，附加值不高；对物流运作有较强的政策要求和技术要求；运输方式上对多式联运有较高要求；物流的距离较长；没有包装、加工、搬运等作业环节；物流成本相对较高②。因此，对于石油区域物流中心而言，仓储和运输被认为是其物流中心的主要功能，仓储功能是石油区域物流中心运作的活动关键点，是中心得以有效运作的根本。除此之外，订单管理、存货控制管理、设备管理、成本控制管理等辅助功能一起保证了石油区域物流中心的正常运作。且所有的管理活动，都必须遵守1981年3月15日第一机械工业部177号书颁发的《油库安全管理规程》。

一、石油区域物流中心仓储管理

对于石油区域物流中心而言，仓库管理即油库中储油罐的管理。

整个仓储管理的作业流程主要包括：石油的入库作业、石油的在库管理、石油的出库作业。

（一）石油的入库作业

石油的入库作业是石油存储工作的基础，是在库管理的前期工作。石油在经过铁路、水路、管道、油罐车等多种运输方式的联合协作后，到达

---

① 王晓博、马翔：《物流管理学》，哈尔滨工业大学出版社2010年版。

② 姚城：《物流配送中心规划与运作管理》，广东经济出版社2011年版。

物流中心，物流中心工作人员经过送货单据核对，在专门的石油接卸处进行石油的接货、卸货、质量检验、石油分类入罐、石油油量核查、签发入库凭证、登记入账等一系列的作业环节，完成石油的入库工作。

由于石油的物理特殊性，做好入库作业的重点在于做好入库检验、核查，保证石油进入相应的储油罐，并做好入库登记工作。

（二）石油的在库管理

由于石油不涉及拣货、分装加工等作业，因此石油的在库管理内容主要包括：保管、储位安排（安排入不同的储油罐）、石油盘点。

石油在加工成成品油后，种类包括石油液化气、汽油、柴油、煤油等，而不同的成品油类别也分为不同的油品型号，属于易燃易爆的危险品。因此，石油的在库管理中尤为重要的是对储油罐的安全管理。储油罐附近应长期保持适量的蓄水池用于预防火灾隐患。并且应对储油罐的温度、压力等进行实时监控，不仅保证了石油的在库安全，也保证了周边环境的生命财产安全。

（三）石油的出库作业

石油区域物流中心的出库作业是依据加油站、用油企业、燃油公司等客户的订单所做的出库和送货凭证，按照所列的石油编号、规格、数量等项目组织石油出库的一系列活动。石油的出库作业的完成意味着石油仓储管理的结束。

出库作业也包括两个步骤：第一，发货前的准备工作；第二，石油出库装车。

发货前的准备工作包括检查运输工具的装载条件，例如温度、压力状况等，是否满足安全要求；装卸站台准备就绪；石油规格、数量等项目的确认。

由于石油的特殊性，石油出库装车的过程基本属于自动化的，只需专人负责其正常运行就可以了。

整个仓储管理中，还需注意的是石油的存货控制，实时监控各类石油品种的油量，制定供货点，保证油库内的油量能满足客户需求。当然，石油属于特殊商品，其油量的控制与石油的上游开采、生产情况有直接联系，因此，没有必要按照“JIT”或者最低库存量来要求。

二、石油区域物流中心运输管理

运输作为石油区域物流中心的核心功能之一，其物流过程中，运输主要担负两大职能：石油的转移和石油的临时储存。目的是以最短的时间、最低的成本将石油从石油区域物流中心转移到送货地点，让石油在价值链中实现移位，从而产生空间效用和时间效用。其另一功能即将运输工具视为临时存储设备，实现石油在运输期间的临时存储①。

其运输的质量是整个石油区域物流中心的核心竞争力，决定了该物流中心运作水平的高低。

运输的质量主要由以下几个方面决定：

1. 运输计划的编制

根据客户订单要求和运输工具的情况，来制订运输计划，安排运输路线和运输时间是运输过程中重要的前期准备工作。

它是在充分考虑了设备资源有效利用和到货及时性等诸多综合因素后拟定的，是实现运输高质量的关键。

2. 运输线路的合理化

运输线路的合理化，即在有利于供货方和收货方的情况下，节约流通费用、运力、劳动力的前提下使石油的运输里程、时间、成本达到最优时选择的运输线路。

合理的运输路线能提高运输工具的利用率，提高对客户的服务水平，降低运输成本，减少设备的投入与损耗，减少环境污染等。

因此，要通过提高运输工具的实载率，整车运输、合装整车；利用多元化的运输方式；优化行车路线等方式来实现运输线路的合理化。

3. 运输技术、设备的优化

运输设备的形式、吨位、箱体体积、安全控制设备的配置等都决定着运输的质量。不同的运输设备对装载的要求也不同。因此要根据实际环境与条件来选择不同的运输设备和工具。

先进的技术能不断改进运输的方式，降低人力资源成本，增加运输过程中的信息共享程度，减少信息滞后带来的损失，提高动力的利用率，还能降低石油在运输过程中的损耗。例如，GPS 导航系统在石油区域物流中心运输过程中的应用，能实时反映车辆运转信息；提高业务信息的传递速

① 姚城：《物流配送中心规划与运作管理》，广东经济出版社 2011 年版。

率。如，GPS系统能及时反映运输过程中的突发事件，帮助驾驶员避开拥挤的道路，躲避险情，不仅能降低运输成本，还极大程度地提高了运输过程中的安全系数，长期监测对整个运输体系的优化也起着至关重要的作用。

三、石油区域物流中心订单管理

在石油区域物流中心的运作中，订单管理是非常重要的环节。如今石油的配送制度，已经由以往的要货制改为现在的补货制。但是由于石油的特殊性，其需求量仍是根据以往数据及结合当前环境因素，由供货方和收货方来共同制定的。

从本质上来说，整个石油区域物流中心的活动都是为了完成订单而发生的。因此，订单的制定尤为重要。要拟定一个系统来确定订单的提前期。

订单制定中的关键在于订单的提前期，在石油区域物流中心的运作中时间通常以订单周期表示，对于客户而言，这一时间是订单要提前多长时间发出才不会影响正常的运营。

石油区域物流中心的主要客户对象是加油站，订单提前期的可靠性直接影响了客户存货水平和缺货成本，由于石油的特殊性，是社会生产生活的必需品，因此订单提前期的可靠性还决定了社会生产生活的正常运行。因此，对订单提前期的基本变量的高度控制能力——订单处理、订单准备、货物发送直接决定了物流中心的运作效率。

影响订单提前期的基本变量包括订单传送、订单处理和货物运输的时间。可以建立管理信息平台来收集数据，以增加订单提前期的可靠性。

四、石油区域物流中心设备管理

建设一个高效化、现代化、自动化的现代石油区域物流中心，硬件设施和软件设施同样重要，现代化的物流设备和先进的物流管理手段缺一不可。

如何使石油能快速、高效、准确地装卸、存储、运输，以满足石油区域物流中心高效运作的要求，选取适当的设备设施尤为重要。

对于石油区域物流中心来说，设施设备主要分为三类：装卸设备、存储设备和运输设备。要使各个作业流程能顺利高效地进行，且在各个作业环节中尽量减少石油的损耗，应保证这三类设施设备的先进性和安全性。

定期地设备设施监测、维护，做好监测维护记录，对易磨损易发生安全隐患的设备要尤为关注。

五、石油区域物流中心成本控制管理

物流成本是物流系统为实现商品在空间、时间上的转移而发生的各种耗费的货币表现，物流成本占商品销售额的比例从10%到40%不等①。整个石油区域物流中心，各个作业环节都会产生成本：包括装卸费用、油品存储费用、石油运输费用、订单处理费用、石油损耗、日常管理费用、设施设备采购、维护费用等。总的来说这些费用可以分为以下几类：

1. 仓储成本

仓储成本主要包括由于仓储设施数量变化而发生的所有费用。在财务上，可将其归入固定资产中。大多数仓储成本不随石油存量的变动而变动，而随着存储设施量的变动而变化。

2. 存货成本

存货成本不同于仓储成本，它随着石油的库存量的变动而变化，包括那些随存货量变动的成本。主要分为三类：石油存储的管理成本、存货投资的资金成本、石油存储的风险成本。

3. 运输成本

在整个物流过程中，所占成本比率最高的是运输费用。一般占到了物流成本的40%以上。其控制关键是制订出周密可行的运输规划，进行运输合理化控制，避免石油的损耗和资金的浪费。

4. 资金成本

资金成本，即企业取得和使用资金而支付的各种费用，包括资金占用费用和资金筹集费用②。在此列举几种资金成本的计算方法：

简单资金成本，仅考虑物流中心从银行贷款的筹资方式：

$$\text{资金成本} = \frac{\text{利息税}(1 - \text{所得税率})}{1 - \text{筹资费率}}$$

加权平均资金成本：

$$\text{资金成本} = \sum \begin{matrix}\text{各种渠道筹} \\ \text{资的资金成本}\end{matrix} \times \begin{matrix}\text{从该渠道所筹得的} \\ \text{资金占全部资金的比重}\end{matrix}$$

① 姚城：《物流配送中心规划与运作管理》，广东经济出版社2011年版。

② 姚城：《物流配送中心规划与运作管理》，广东经济出版社2011年版。

5. 管理成本

日常管理活动中，会产生一系列的费用，如人员管理、财务管理、物流现场管理、设备维护费用等。

第二节　石油区域物流中心的组织模式

石油区域物流中心的组织模式取决于该物流中心覆盖区域内的业务规模、经营内容、人员素质、管理水平等多方面的因素。随着物流中心规模的扩大，整个组织模式也会相应发生变化。

按照传统的石油物流方式，石油的销售大多按照行政区域的销售分公司存在。具体的组织结构一般按照如图 4-1 方式存在：

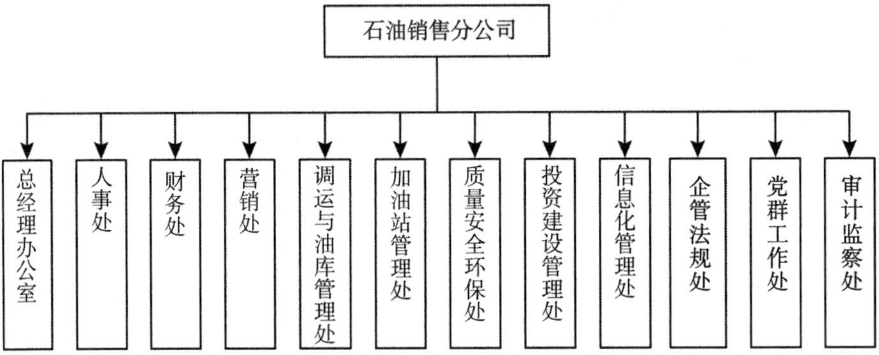

图 4-1　某省石油销售分公司组织结构图①

受我国经济环境的影响，石油消费市场相对偏重于华东、华南等经济发达地区②。原油产地主要分布在北方，且受到中石化和中石油两家集团南北市场划分、市场份额抢占等竞争因素的影响，造成了石油供需不平衡以及运输成本居高不下等问题的存在③。因此，石油区域物流中心的建立，

① 王奎：《中国石油天然气股份有限公司黑龙江销售分公司大庆物流配送中心》，《齐齐哈尔年鉴》，2010 年。

② 袁海东：《构建“四位一体”的加油站营销模式》，载《中国石化》2011 年第 2 期。

③ 王志民：《成品油销售企业直分销营销管理研究——以中石化森美公司为例》，厦门大学硕士学位论文，2014 年。

改变了以往的行政区域的划分，而是按照经济区域来规划建设石油区域物流中心。此时的物流中心被看做类似于专业的第三方物流企业，因此组织结构也应该有相应的变化，如图 4-2 所示，其主要职能部门如下：

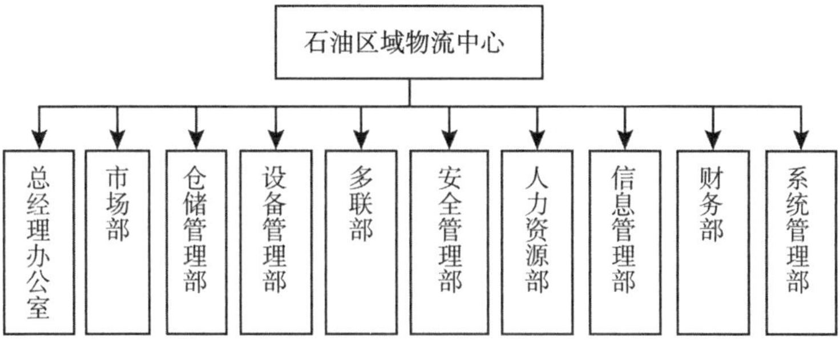

图 4-2　石油区域物流中心组织结构

1. 总经理办公室

总经理办公室主要负责石油区域物流中心的战略规划及统筹安排、政策上传下达、企业文化等。

2. 财务部

此处的财务部主要是指的物流中心的财务管理，不包括因中石油、中石化等集团通过物流中心的石油销售产生的财务信息，包括会计管理及结算中心。具体业务活动包括财务预算、核算、监督、控制、财务分析等。

3. 市场部

石油区域物流中心的市场营销部门不同于普通的石油销售公司的营销。主要是处理各个地区发来的订单，维持和上游各石油供应商以及下游各石油供应商隶属的加油站、用油企业的客户关系。确定经济区域的石油配送覆盖面积，为战略规划提供数据支持。

4. 仓储管理部

仓储管理部的主要职能包括石油的装卸、存储管理。具体的管理内容参见石油区域物流中心的管理模式中的仓储管理。

5. 多联部

多联部的工作范围主要包括开展铁路货运代理、国际货运代理、多式联运业务及物流方案设计等。

6. 设备管理部

设备管理部的主要职能包括石油的装卸设备、存储设备、运输设备的采购及维修。同时对石油区域物流中心内所有设备进行必要的维护及维修。

7. 安全管理部门

由于石油的物流性质特殊，属于易燃易爆的危险品，而石油区域物流中心是一个大型的油库，其安全保障工作更为繁琐。因此设立安全管理部门对保证整个物流中心的正常运作尤为重要。

8. 人力资源部

石油区域物流中心作为一个第三方物流企业不再是一个隶属于行政区域内只有几个储油罐的小油库，而是一个大型的拥有丰富品类、众多储油罐的大型油库。因此日常管理工作更加繁杂、综合。在人员配置上，不仅需要出自石油专业的技术性人才，还应该引进物流管理、信息管理与信息系统、财务管理、人力资源管理等多方面人才，提供更加专业的服务。

9. 信息管理部

整个石油区域物流中心的正常运转离不开先进的信息化技术，物流中心信息平台的搭建、运行和维护必不可少，因此需要信息管理部来对整个信息平台进行管理。

第三节　石油区域物流中心的过程模式

一、石油区域物流中心运作流程模型

物流中心的基本作业流程包含了五项作业：订单处理作业、石油装卸作业、石油在库管理作业、石油出库作业、配送作业。如图 4-3 所示。

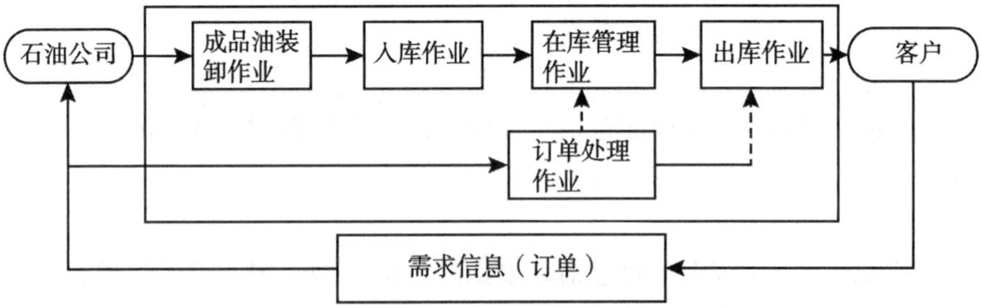

图 4-3　石油区域物流中心基础作业流程

综合考虑整个石油的配送过程，还是遵守两阶段配送模式：一次调运；二次配送。而此时一次调运的目的地，不再是以往的石油区域销售分公司，而是现在的“第三方物流企业”——石油区域物流中心。在处理二次配送的过程中，起点的订单接收处理的企业依旧是石油供应商，而履行订单的单位由以前的区域销售分公司变为现在的石油区域物流中心。具体业务流程图如图 4-4 所示。

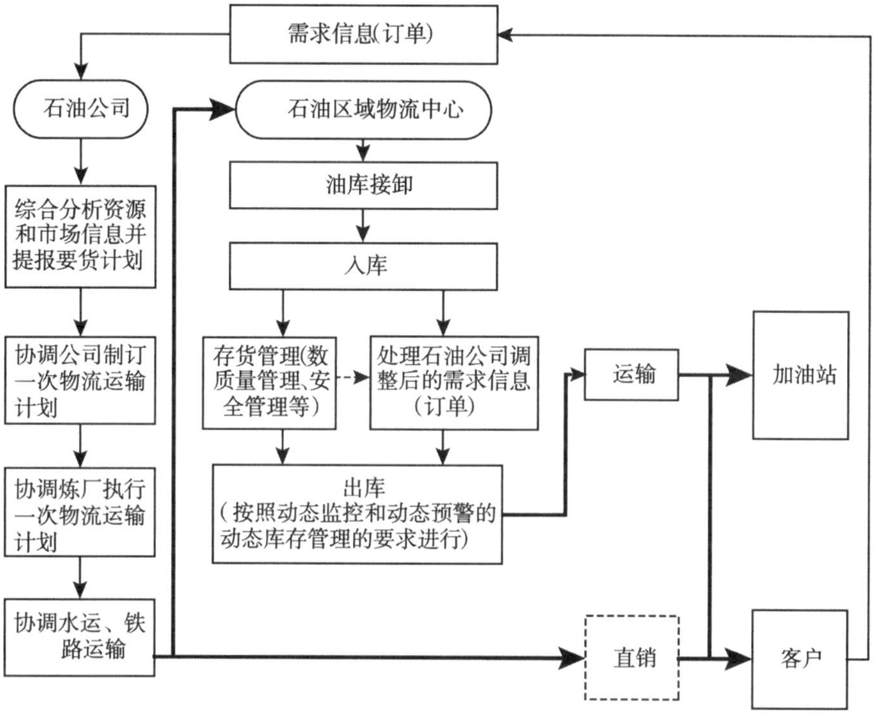

图 4-4　石油区域物流中心业务流程图

二、石油区域物流中心运作过程的反馈混沌控制

从现代混沌学的观点来看，混沌是一种既有决定性又有随机性的绞合状态，是一种不可预测的随机性行为①。经济系统从本质上来说就是一个

① 张秀媛、田中雨：《交通运输结合部系统管理的内耗与混沌现象分析》，载《系统工程理论与实践》2001 年第 12 期。

高度复杂的非线性系统，而混沌是非线性系统中普遍存在的现象①。而库存管理模型也符合这种混沌经济规律。以下，探讨了如何利用微分动力学理论把系统的混沌运动转化为规则运动——即进行反馈混沌控制。

库存管理混沌模型为②：

$$\begin{cases} x_{i+1} = s + pz_i \\ y_{i+1} = qx_i + ry_iz_i \\ z_{i+1} = 1 - x_i - y_i + z_i \end{cases} \tag{1}$$

其中 p，q，r，s 均为参数，p 代表库存周转率，q 代表库存商品的资源率，r 代表效果，s 代表初始可供出售的商品数量，x_i 代表在 i 时段内该企业总资源数量中分配给销售的部分，y_i 代表在 i 时段内客户的数量，z_i 代表在 i 时段的总库存的资本量。且 $0 < x_i < 1$，$0 < y_i < 1$，$0 < z_i < 1/r$。

假如 i 时段内的库存量超过了需求量，那么物流中心需要处理掉超出部分，此时，该企业总资源数量中的大部分应分配给销售部。$x_i < 0$ 时需要引入资本，$y_i < 0$ 时需要商品调入，$z_i < 0$ 时供小于求，库存量无法满足客户的需求。

1. 不同参数下的结构反馈控制

使 $X_i = (x_i, y_i, z_i)^T$，$\mu_i = (p_i, q_i, r_i, s_i)^T$

$$得出 A = D_x f(X, \mu)\big|_{X = X_f(\mu_0),\ \mu = \mu_0} = \begin{pmatrix} 0 & 0 & p_0 \\ q_0 & r_0z_0 & r_0y_0 \\ -1 & -1 & 1 \end{pmatrix}$$

$$P = \begin{pmatrix} z_0 & 0 & 01 \\ 0 & x_0 & y_0z_00 \\ 0 & 0 & 00 \end{pmatrix} Q = \begin{pmatrix} q_1 & q_2 & q_3 \\ r_1 & r_2 & r_3 \\ s_1 & s_2 & s_3 \end{pmatrix}$$

$$因此 A - PQ = \begin{pmatrix} -p_1z_0 & -p_1z_0 - s_2 & -p_1z_0 - s_3 \\ q_0 - q_1x_0 - r_1y_0z_0 & r_0z_0 - q_2x_0 - r_2y_0z_0 & r_0y_0 - q_3x_0 - r_3y_0z_0 \\ -1 & -1 & 1 \end{pmatrix}$$

---

① 张强、李立华：《基于混沌理论的金融系统稳定性研究》，载《经济数学》2011 年第 4 期。

② 张金良、谭忠富：《基于 EMD，计量经济学模型和混沌模型的短期负荷预测》，载《电网技术》2011 年第 9 期。

取不同的控制参数，来控制不稳定点：将

$$\begin{cases}X_{i+1}=(A-PQ)(X_i-X_f(\mu_0))+X_f(\mu_0)\\ \mu_{i+1}=\mu_0-Q(X_i-X_f(\mu_0))\times\mu(\delta|Q(X_i-X_f(\mu_0))|\end{cases}\quad\left(u(x)=\begin{cases}1x>0\\0x\leqslant 0\end{cases}\right)$$

此式进行多次的迭代后，即能将原本混沌的轨道控制到不稳定不动点并得出多周期轨道。

2. 小波滤波控制

由财产管理混沌模型（1）得到

$$\begin{cases}x(n+1)=s+pz'(n)\\ y(n+1)+qx'(n)+ry'(n)z'(n)\\ z(n+1)=1-x'(n)-y'(n)+z'(n)\end{cases}\tag{2}$$

$$\begin{cases}x'(n)=\sum_{i=0}^{N}x(n-i)*h(i)\\ y'(n)=\sum_{i=0}^{N}y(n-i)*h(i)\\ z'(n)=\sum_{i=0}^{N}z(n-i)*h(i)\end{cases}\tag{3}$$

其中 p，q，r，s 均为参数：且当参数 $(p, q, r, s)=(0.43, 0.38, 0.625, 0.11)$ 时，处于混沌状态，其不稳定的不动点为 $(x_f, y_f, z_f)=(0.5175, 0.4825, 0.9478)$ 用上述控制方法对库存管理混沌模型（1）进行控制。

第四节　石油区域物流中心的运作机制

一、资源整合机制

传统的依傍行政区域石油销售公司而存在的各个小型油库，长期存在石油品类单一、库存量和市场需求的不协调、运输能力有限、运输线路的不合理、部分存在安全隐患等多方面因素的制约，导致整个物流成本居高不下。减少固定资产投资，加速资本周转。此外单个行政区域内的石油销售公司建立自营物流需要投入大量的资金购买存储设施、配送设备；建设油库和信息网络等专业平台，并且为维持其效能，还需不断投入管理维护费用。但其所有的设施设备的利用率和管理效率都大大低于物流中心，最终会影响企业资金的周转率①。

作为第三方物流的石油区域物流中心，通过资源的整合能为客户提供高水平的运作服务。整个物流中心是为各个石油供应商的配送服务而存在的，可以由多个集团合资建设，因此它集中了各个集团的优势资源，不仅包括先进的设施设备；专业运输工具；巨大的存储功能；高效的装卸能力；高效率的信息平台等硬件设施，还包括将客户业务与整个物流系统综合起来进行分析的系统观；物流中心设计能力；囊括石油、物流、人力资源、财务管理、信息管理等多领域的专业性人才等。这些专业化的技术能力将大大提高物流管理效率，降低物流成本。

资源整合后的石油区域物流中心，其服务对象是整个经济区域内的客户，能形成规模优势，大大提高资源设备的利用率。提高专业化水平和工作效率。规模经济效益是指适度的规模所产生的最佳经济效益，在微观经济学中它是指由于生产规模扩大而导致的长期平均成本下降的现象②。因为规模经济的存在，企业内管理成本的高低会与企业规模的大小成反比，公司越大，参加企业年金的管理成本就越低。那么对于各个石油供应商来说，整体管理费用会在配送和存储部分整体下降。

此外，由于石油作为商品的特殊性，不同的石油供应商所开采加工后的石油性能相同，所以物流中心的建立能在较大范围内实行统筹运作、协调配合，减少因供求不平衡带来的成本。

资源整合后的石油区域物流中心，能解放石油供应商的资金，实现资源的优化配置，将有限的人力、物力、财力都集中到源头开采、加工技术开发上去，不仅能致力于提高能源的利用率，还能为社会的可持续发展作出贡献。

二、利益分配机制

不同的石油供应商合资建立覆盖整个经济区域的第三方物流中心，从而使石油供应商间形成了竞合态势。石油区域物流中心为石油供应商所带来的利益主要分为以下几个方面：

---

① 张中强：《基于制造业视角的第三方物流外包服务揽接能力研究》，载《管理世界》2012 年第 9 期。

② 张中强：《基于制造业视角的第三方物流外包服务揽接能力研究》，载《管理世界》2012 年第 9 期。

1.“作业改进”的利益

传统的石油供应商都是依靠自己组织物流配送，由于物流配送过程中所需要的人力资源的专业性不强，或者由于物流配送的技术条件不好，原有的物流体系可能无法满足日常需要，面临的问题太多以至于无法妥善解决，此时物流成本将会居高不下。此外，作业改进为石油供应商减少了一个管理环节，删去了原本繁冗的物流管理部门，减轻了企业负担，增加了管理活动的灵活度。以石油区域物流中心高效、先进的管理技能，从软件上提高物流配送的运作能力，很大程度上解放了石油供应商的资源，将其利用到能提高企业核心竞争力的环节上去。

2. 与经济或财务相关的利益

低成本主要是由于优质资源整合后的物流体系能大大地节约硬件设施成本，以及石油供应商的管理成本。并且由于石油区域物流中心的建立，带来了规模经济效益，物流中心覆盖的经济区域越大，成本将相对越低。石油供应商的核心业务是开采、加工原油，如何提高原油利用率，如何提高开采、加工技术，是其研究重点，而传统物流体系导致石油供应商的精力牵制到如何降低物流成本上，但缺少有力的资源条件和战略合作联盟等因素，因此效果甚微。而石油区域物流中心的核心业务便是石油的配送，选取最具优势的地理位置，建设最合理的规模，利用最优势的资源，为企业间的资源整合、信息共享等提供平台，将在很大程度上降低成本。

3. 和风险有关的利益

使用石油区域物流中心可降低石油供应商的风险。若石油供应商也同时负责物流活动，那么会有以下风险：投资风险以及存货风险。一方面，石油供应商在负责物流时，需要购置物流设施、设备，且介于石油行业的特殊性这些设施设备的投资是巨大的，且此类投资的使用并不充分，导致利用率偏低，造成投资的浪费。另一方面，石油从开采、加工到运输直至最后的销售，各个环节都离不开库存，并且由于石油行业的特殊性，无法做到JIT，因此保持必要的库存是相当必要的，而高库存量也必然导致了高资本占用量，因而存在极大的存货风险。并且由于石油的物理性质，不恰当地管理和维护会导致高耗损。因此石油供应商若采用例如物流中心的第三方物流利用先进的设施设备、专业化的管理方式，不仅能减少资金的占用，还能分散库存风险①。

① 龚雅云：《第三方物流的优劣势分析》，载《中国商贸》2010年第6期。

三、信息共享机制

以往，作为独立的企业，为追求自身利益最大化，往往会将企业获取的信息对供应链上的其他企业以及竞争对手保密，导致信息无法共享，致使供应链运作在信息不对称的情况下进行①。如果在交易过程中通常占据主导地位的生产方将获得的信息隐藏，不与下游节点的企业共享信息，则对下游企业不利。② 同理，下游企业也可以对上游企业隐藏自身信息，不与其他节点企业共享信息，这对供应链上其他的企业也不利。但是如果供应链上的上下游企业分别与对方共享物流信息，则可以在信息对称的情况下找到均衡点，共同降低物流成本、提高物流效率，最终实现物流信息共享后的双赢态势。

作为第三方物流的石油区域物流中心的运作主要依靠信息，具备了信息的优势，就可以比石油供应商在了解物流市场、资源、价格、制度和政策等方面更具有优势③。信息在整个经营过程中起着举足轻重的作用④：

一是，作为石油供应链上的连接环节的石油区域物流中心，需要依靠来自上游石油供应商和下游客户提供的需求供给信息，才能保证物流活动的顺利完成，实现石油供应链的一体化。

二是，现代企业间的竞争已经告别了以往的单个企业节点的普通竞争，而是表现为当今以供应商、生产商、经销商等多个节点为组成要素的供应链的竞争。拥有如此多节点的供应链系统，倘若出现信息交流不畅的情况，特别是上游企业的信息不通畅，会导致整个供应链系统上的风险，出现牛鞭效应，呈现逐级放大的态势。最终丧失终端客户，导致供应链间竞争的失败。因此，对信息的掌控程度决定了供应链的竞争力。

三是，企业的竞争优势不再取决于企业的物资资源的多寡，而是取决于企业掌控、协调、调动、应用这些物资资源，实现资源优化配置、优势资源整合的能力。而企业这部分的能力，则是建立在企业对信息的掌控基

---

① 周雄伟：《供应链信息共享激励模型研究》，武汉大学出版社 2010 年版。

② Xiande Zhao, Jinxing Xie, W. J. Zhang: The Impact of Information Sharing and Ordering Coordination on Supply Chain Performance. Supply Chain Management, 2002 (1), pp. 24-40.

③ 牟宁、余开朝：《面向制造业的第三方物流企业服务能力评价研究》，载《现代制造工程》2010 年第 2 版。

④ 李长江：《物流中心设计与运作》，中国物资出版社 2002 年版。

础上的。因此石油区域物流中心的管理也从有形的石油存储管理、运输管理等转化为对无形的供应链上信息的管理。

四是，随着石油物流需求的快速提升发展，供应链系统面临的问题，逐渐演变为高速上升的石油物流需求和落后的石油信息化管理技术之间的矛盾。因此，如何有效地提高信息共享程度和信息传播速度、合理的分配信息资源来服务供应链系统的客户，成为现阶段工作的重点。

五是，现阶段石油物流系统的供给方式和传统的供给方式相比已有了很大突破，由传统的“供货制”改为了如今的“补货制”。这样的供给方式将需求推动改变为需求拉动，这样的变更能大范围地降低成本、减少因供需不平衡带来的风险、提高物流效率。同时，这样的变更会更加依赖于石油区域物流中心对客户端信息的掌控。只有准确、及时地获得了客户端对石油的需求信息，才能将“补货制”的优势发挥出来。

因此，作为物流网络中关键一环的物流中心，其与外界的信息交换显得格外重要。

第五章　石油区域物流中心运作的信息平台构建

第一节　石油区域物流中心信息平台的目的

石油区域物流中心的物流系统按照时间划分，分为石油供应商的供应物流部分和客户端的配送部分。这是一个具有多个环节的复杂物流系统，需要石油供应商、客户端和石油区域物流中心三方的共同协调、配合才能实现物流系统的正常运行。

同时，按照物流类别划分，石油区域物流中心的物流系统分为物流和信息流两类。且物流的运转是基于信息流的运转的。因此，物流系统中石油在各个节点间的转移是通过信息予以沟通的，基本资源的调度也是通过上下游企业和物流中心间的信息共享来实现的，所以石油区域物流中心组织物流活动必须以信息为基础，如图 5-1 所示。

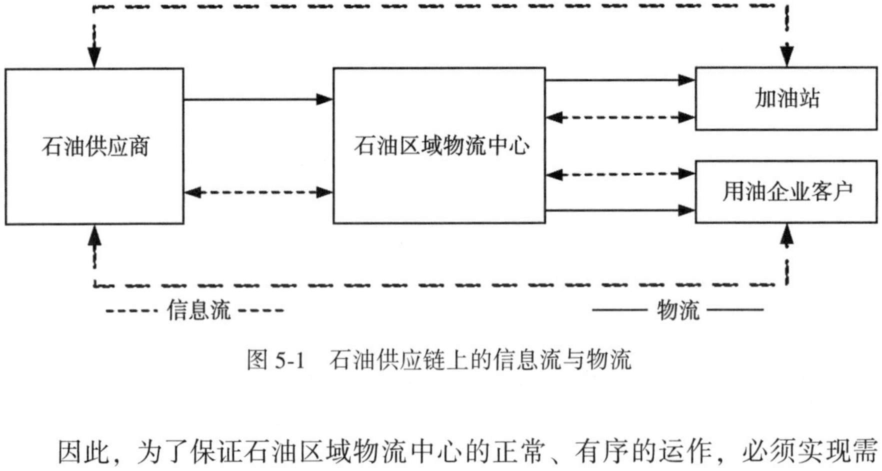

图 5-1　石油供应链上的信息流与物流

因此，为了保证石油区域物流中心的正常、有序的运作，必须实现需求信息、供给信息、物流环境信息、库存信息等多方面信息的畅通与共享。这势必需要利用先进的现代化信息技术来构建一个专业的物流中心信息系统平台，将信息网络化，来实现供应链环节中三方的信息共享。

传统的需求信息和供给信息获取是由各个行政区域的石油销售公司，在单个独立区域范围内的管理信息系统或者订单、电话等传统方式来实现的。建成后网络化的物流中心信息平台搭建在某个经济区域的信息系统网络之上，它将以往由点组成的二维市场，拓展为之后以面为要素的空间市场，能纵观全局的需求与供给，计算出最为精准的配送路线，大大增加供需信息的流畅度、缩短客户端和石油供应端之间的信息获取时间以及配送距离与时间，保障了物流中心日常管理工作的有效进行，提高物流系统的运作效率，从而降低物流、库存、管理等多方面的成本。

石油区域物流中心信息平台是整个物流中心的神经中枢，这样综合的信息平台，有利于信息的存储和调用，实现了信息的可追溯性，方便了供应链上数据的采集，与挖掘，使得供应链上企业以对供给需求的数据分析为基础，从而制订出更为合理的开采计划、加工计划和配送计划，有利于各节点企业的长远发展①。

此外，由于石油需求的特殊性，它是保障社会经济、人民生活的重要物资资源，因此，信息平台的建设还有利于稳定社会经济的发展，保障人民的生产、生活能有序高效地进行。

第二节　石油区域物流中心信息平台的特点

一、石油区域物流中心与微观物流的关系

区域物流属于宏观物流范畴，是在特定经济区域，以及该经济区域与外界体系交流的综合物流过程。该物流中心超出了传统单一石油销售公司内部的物流体系范畴。

石油区域物流中心是有别于专业的第三方物流的微观物流主体，典型的第三方物流属于公共物流中心，经营范围多样，主要负责生产、销售企业的物流外包活动，提供专业、高效的物流服务。而石油区域物流中心的经营范围相对单一，只涉及石油产品，且合作的石油供应商企业仅限于中石油、中石化等国内仅有的石油品牌。因此，石油区域物流中心与石油供

① 杨翠：《物流公共信息平台建设问题研究》，载《物流技术》2012 年第 7 期。

应商属于共生关系，选址、设施设备的配置、路线的优化设置、资源的整合都由石油供应商协同完成。因此，这样的战略联盟合作形式可保证石油区域物流中心在建设过程中能使用最先进的现代技术、最专业的设施设备、最有效的管理方式、最优化的资源配置，以保证该微观物流体系的专业化、网络化和高效性，使得整个服务流程更加贴合石油供应商和终端客户的需求。

二、石油区域物流中心信息平台需求特点

石油区域物流中心信息平台的结构取决于对物流中心的需求分析。整个信息平台应包含有供应端、物流中心和客户端多个子系统，且各个子系统之间都需要进行信息共享，确保信息在各个子系统之间运行畅通。石油区域物流中心信息平台中各类信息间的相互关系和信息的流向，为宏观物流系统提供了方案规划依据，并为微观物流提供了运作基础。

作为地处经济区域的石油物流中心，其市场需求和发展形势一般具有以下几方面特点：

1. 满足区域物流市场需求

随着经济的快速发展，总体将呈现持续快速增长态势。以长江三角洲为例，该地区是我国最为重要的三大制造业基地之一，是中国经济发展最精华和经济增长最为活跃的地区，也是物流相对发达的地区，当前，长三角内各城市之间随着交通网络的完善、经济发展优势互补的推进，区域一体化进程正全面向纵深化发展。杭州市作为长三角南翼重要中心城市，依托良好的交通区位和发达的经济基础，已成为区际的经济集聚和辐射中心城市，地区间日益加强的经济交往与合作，城市间日益紧密的关联度，将促使区域资金流、技术流、信息流、人才流和货物流交换的更加频繁，从而带动区际物流服务需求的快速增长，因此该地区对石油的需求量相对较大，而缺货带来的损失也相对普通地区的而言更大。宏伟的区域经济发展目标，决定了杭州市将形成一个活跃而庞大的石油需求市场，从而对石油的需求必将呈现出快速增长的态势。

因此，石油区域物流中心的信息量也会随着经济的发展而快速增长，这就要求该物流中心的信息平台建设必须满足日益增长的石油信息需求。

2. 联系石油供应商和终端客户的纽带

石油区域物流中心在整个石油供应链上有着举足轻重的作用。因此，该物流中心的信息平台必须要综合石油供应商、物流中心和终端客户三方

的信息，并且由于该物流体系正常运作时对内外部信息的依赖性，信息平台必须囊括对内部物流设施设备的信息、库存信息、供应需求信息的采集，以及对外部公共交通系统的信息采集，并且该信息平台的信息收集、分析、反馈必须迅速、精准，以适应实时变化的内外部环境，从而减少信息滞后带来的损失。

3. 是一个公共物流系统的信息平台

石油区域物流中心的信息平台要集成包括供应商和客户端在内的多个主体的信息，各主体经济关系、技术应用、需求供给信息必须形成共享机制。首先，信息的收集范围需要囊括整个供应链上的多个节点，包括行业、交通、地理等公共信息以及物流服务和物流资源的需求与供给信息。其次，各个节点之间必须进行数据的交换。传统物流方式下，各个节点企业的信息系统建设程度不同，数据结构的统一性不能保证，很难直接共享，这就催生了石油区域物流中心信息平台的建设。通过石油区域物流信息平台实现企业间业务数据的传输与交换，以达到提高运作效率，降低运作成本的目的。

4. 必须满足石油区域物流中心的各种功能需求

由于物流过程涉及多个环节，例如网上货运交易、电子支付、网上交税、网上报关等，因此，要保证该物流中心的正常高效的运作，信息平台必须为这些功能活动提供便捷的服务环境，为物流中心的运作提供支持。

5. 信息共享方式的差异性

由于石油供应链上各个节点企业对物流信息需求的差异性，石油区域物流中心信息平台在建设石油供应商、物流中心、客户端三个子系统时，应分别采用不同的信息共享方式。例如，物流中心需要跟踪车辆、货物运输过程，收集此部分的大量信息后，为客户端提供实时信息查询，并在配送结束后为石油供应商及时提供信息反馈。

第三节　石油区域物流中心信息平台的系统模型设计

一、信息平台功能结构设计

（一）基本功能需求分析

石油区域物流中心信息平台是综合考虑了石油供应商、终端加油站和企业客户以及石油区域物流中心内的管理这三方面而建成的。因此它不能只局限于考虑石油区域物流中心自身的信息平台搭建，还应该考虑上游供应商和下游客户的信息共享与传递功能。从石油供应商开始将一次物流配送信息传递给石油区域物流中心，进行一系列的装卸、入库、出库以及日常管理工作等，并依据下游加油站和企业客户传递给上游石油供应商的需求信息，由供应商制定订单传递给物流中心，并由物流中心将石油配送到客户端，最终实现石油的二次配送功能。

（二）非基本功能需求分析

石油区域物流中心信息平台首先应满足用户对系统各部分的编辑功能，包括数据录入、编辑、设计与维护等，其操作有添加、删除、修改等。

其次，对于后台数据库而言，应具备数据存储、查询、更新、修改、备份、恢复、用户权限管理、访问验证等功能。

此外，信息平台应采用可视化界面，可视化处理内容包括各种统计图和表格，方便用户打印和存档①。

（三）信息平台功能模块设计

信息平台的主要功能应包括上游石油供应商、石油区域物流中心以及下游客户端三者间涉及石油二次配送的所有功能。因此整个系统涉及三个子系统，如图 5-2 所示。

二、信息平台流程设计

（一）用户类型分析

1. 加油站、企业客户

只能在信息平台的客户端登录，进行日常数据和需求信息的录入、修改、打印等功能。

2. 石油区域物流中心管理者

管理者又分为高级管理员和普通管理者。高级管理者可以对任何区域

---

①　卢志滨、叶蔓：《城市公共物流功能与信息平台结构设计》，载《物流科技》2012 年第 7 期。

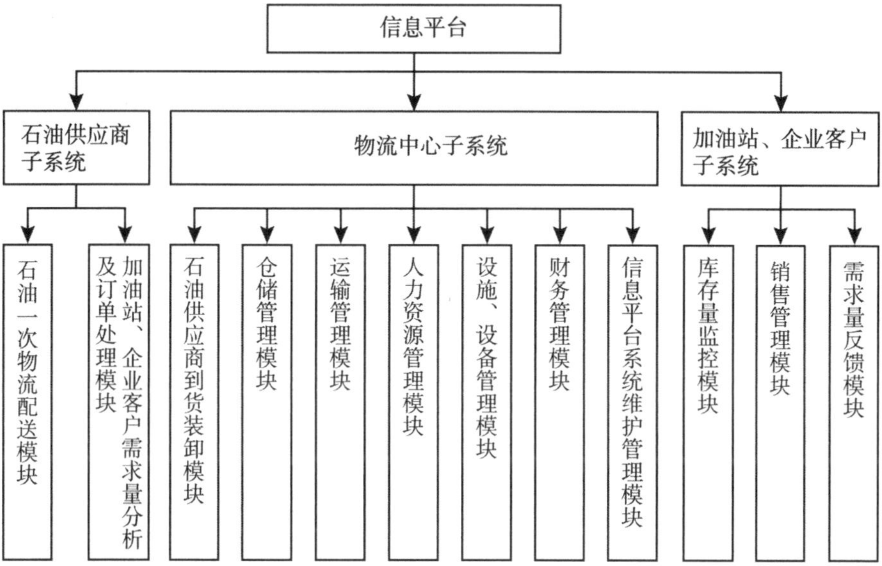

图 5-2　信息平台功能模块图

进行浏览管理，普通管理者只能管理自身职能隶属的某个功能板块。

3. 石油区域物流中心信息平台维护人员

类似于超级管理者，虽然可以浏览所有数据，但是未经允许不得擅自修改任何数据。

4. 石油供应商的管理者

只能在信息平台供应客户端登录，进行日常的石油数据和订单处理数据的录入、修改、打印等功能。

（二）业务流程分析

具体业务流程根据石油区域物流中心运作流程模型得来，业务流程可分为以下几个具体的模块，如图 5-3、图 5-4、图 5-5、图 5-6 所示。

三、信息平台运行环境设计

（一）硬件环境

网络服务器是一种高性能计算机。它需要有很强的处理能力和很大的存储容量，并且需要具备一定的可靠性，以便能保障信息安全，同时还必须有能力支持多种设备及多种应用程序。

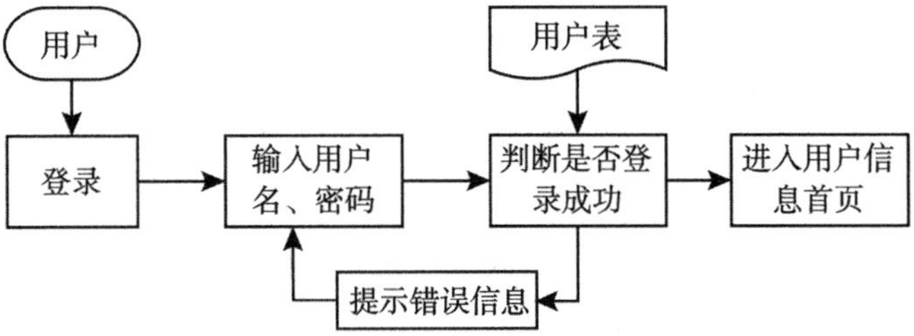

图 5-3　用户登录流程图

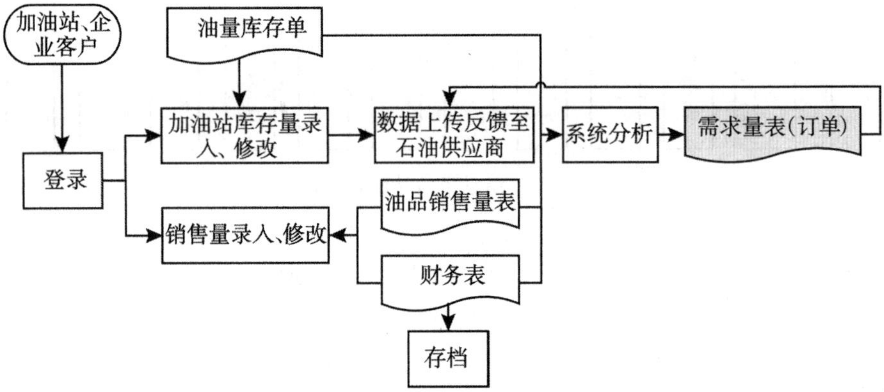

图 5-4　加油站、企业客户需求量（订单）产生流程

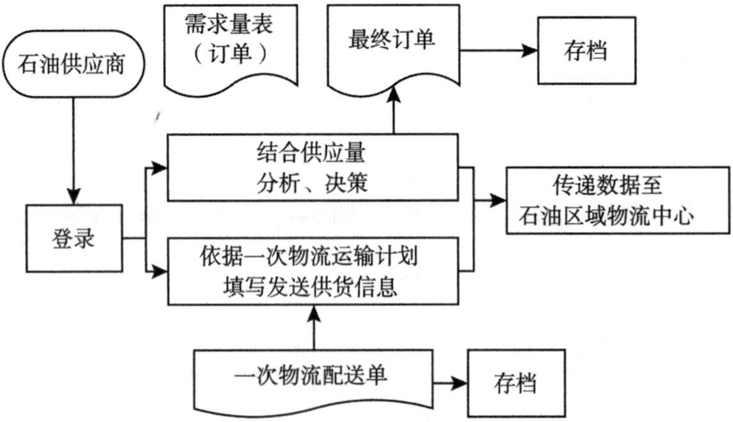

图 5-5　石油供应商配送、形成订单流程

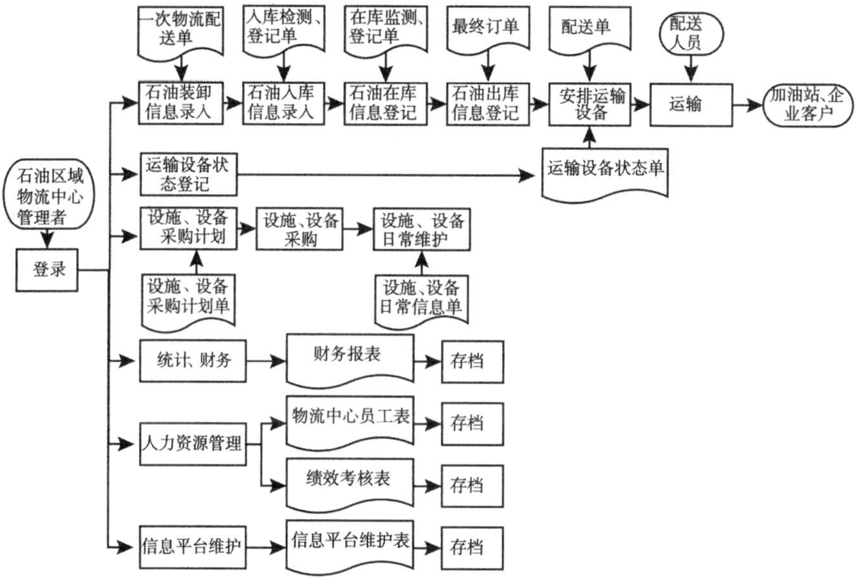

图 5-6　石油区域物流中心管理者日常工作流程

网络服务器有两类：基于运行 Unix 操作系统的小型机（Unix 工作站）和高档 PC 服务器。小型机历史悠久，性能好且技术成熟、运行稳定可靠，但价格较贵，对维护人员素质要求较高。高档 PC 服务器由于微处理器性能大幅度提高而且随着 SMP（对称多处理器）技术和 Cluste（集群）技术的出现，性能直逼小型机，如今也已成为许多网络系统的首选。

选择服务器时可以从不同的角度考虑，其中主要是应用需求、服务类型和规模。从应用需求出发，还需要考虑可伸缩性、可靠性和可用性。此外，还要考虑易管理性、易用性、经济性和安全性以及与原有系统的兼容性等。考虑服务器性能，主要从可靠性和并发处理能力来衡量。

运行在服务器中的网络操作系统是网络信息系统的核心基础，网络的安全性、可靠性等特性都与操作系统有关，对应用软件的支持程度也取决于操作系统。就网络操作系统而言可供选择的有 Windows NT10.0、Unix、Linux 等。

（二）软件环境

软件选型应符合开放式系统的发展大方向、有必要和足够的软件工具支持、支持新技术的能力以及较低的购买成本。软件的准备主要包括选用的数据库、系统开发程序和操作系统的选择等，考虑到程序的兼容性和运行效率，决定所有的软件均采用微软公司的产品。数据库选择 SQL Server 2000，开发程序选择 ASP，操作系统选择 Windows NT 10.0。

1. IIS Internet 信息服务

安装 Window 自带的 IIS 作为服务器。

Microsoft Internet Information Service（IIS）是微软公司推出的一种功能强大、管理方便的 Web 服务器。它运行于 Windows NT 或 Windows 2000 Server、Windows XP 等系列平台上，不仅集成了 WWW、FTP 等 Internet 服务，而且同 Windows NT/2000 Server 紧密集成在一起，充分利用了 WindowsNT/2000 Server 的许多特性。

IIS 有许多强大的功能，不仅支持 WWW 服务，还可以支持其他许多重要的 Internet 服务。它与 WindowsNT 完美地结合在一起，共同提供 WWW、FTP、SMTP、NNTP 服务等。

（1）IIS 的添加。IIS 是 Windows NT 10.0 操作系统自带的组件。如果在安装操作系统的时候没有安装 IIS，可以打开“Windows 组件向导”对话框，选中“Internet 信息服务（IIS）”，单击“下一步”，完成 IIS 的安装，也可以单击“详细信息”，选择需要的 IIS 组件后再安装。

（2）IIS 的运行。运行“管理工具”程序组中的“Internet 服务管理器”，打开“Internet 信息服务”控制台，右击服务器（srv11）下“默认 Web 站点”，选择“启动”（若右侧服务器信息的状况一栏为停止），启动 Web 服务器①。

程序开发工具（以 ASP 开发工具为例）② ASP 技术是目前网站应用中的核心技术，也是目前流行的 3P 技术中应用最广泛的一种，同时也是目前唯一在高校中普及的动态网站编程技术。3P 技术分别是：ASP（Active Server Pages）、PHP（Personal Home Page）和 JSP（Java Server Pages）。ASP 是微软公司的产品，JSP 最初是由 SUN 公司推出的，PHP 是由一个网络小组开发和维护的。目前最常用的是 ASP 和 JSP。由于我们采用了 Windows XP 操作系统，可以采用其自带的 Web 服务器 IIS，因此，可以选择 ASP 作为服务器终端语言，数据库则采用 SQL Server。这种搭配已经成

① 王国鑫：《网络服务器配置与管理》，机械工业出版社 2015 年版。

② 陈长喜：《ASP. NET 程序设计基础教程》，清华大学出版社 2013 年版。

为目前开发领域中的标准配置。

ASP 可以使用两种脚本语言：VBScript 和 JScript（所谓的 JScript 语言就是微软版本的 JavaScript 语言）。

ASP 包含内置对象，最常用的是五大对象、一个集合和一个文件。五大对象分别是 Response，Request，Session，Application 和 Server；一个集合是 Cookies；一个文件是 Global asa。

ASP 最常用的内置组件是操作文件的组件和操作广告条的组件。ASP 最强大的功能还是使用外置组件，比如使用外置组件实现文件上传、发送 Email，等等。

2. SQL Server 2012 数据库

Microsoft SQL Server 2012 为快速构建下一代可扩展应用程序提供了完整的数据库和数据分析解决方案。SQL Server 2012 是一个关系型数据库管理系统（RDBMS），它使用 Transact－SQL 语言在客户端计算机和 SQL Server 2012 计算机之间传送请求。SQL Server 2012 具有以下特性：易于安装、配置和使用；良好的扩展性；支持数据仓库等。

3. Windows XP professional 操作系统

Windows XP professional 可以使 Visual Basic 应用程序和 SQL Server 2012 数据库稳定而高效地运行。Windows XP professional 用于运行具有更高可靠性和可管理性的文件、打印、Intranet、通信和基础架构服务器。

第六章　石油区域物流中心运作的绩效评价

第一节　石油区域物流中心运作绩效分析

一、石油区域物流中心运作的效果分析

绩效是一个多维复杂概念，目前对绩效的界定主要有三种观点：即“绩效是结果”、“绩效是行为”、“绩效是行为与结果”，如表 6-1 所示。

表 6-1　　绩效相关定义整理表

观点	代表研究者	定　　义
结果绩效观	Bernardin	绩效应定义为工作的结果，因为这些工作结果与组织的战略目标、顾客满意度及所投资金的关系最为密切
行为绩效观	Campbell	工作绩效是指个人作为一个组织成员，完成组织所期望、规定或正式化的角色需求时，所表现的行为
行为与结果绩效观	Mohrman、Binning、Barrett	绩效包括在一定条件下进行一定的行为和取得某些结果；Binning 和 Barrett 认为绩效区是由行为单元和结果单元组成

（一）结果绩效观

结果导向的研究一般认为存在一种共同因素可以解释绩效测量的真实变异，绩效等同于同目标的完成情况以及工作所产生的结果。如 Bernardin（1995）将绩效定义为：工作的结果，因为它是与组织的战略目标、顾客

满意度及所投资金的关系最为密切①。Kate（1996）指出，绩效是“一个人留下的东西，这种东西与目的相对独立的存在”。因此我们可以知道，结果绩效观认为绩效是目标任务最终实现的结果②。

（二）行为绩效观

行为绩效观不等同于绩效不注重目标，Murphy（1990）将绩效定义为“与一个人工作的组织或组织单元的目标有关的一组行为”③。Campbell（1990）指出“绩效是行为，应该将其与结果分开看待”，1993年他又将绩效定义为“人们能观察到的实际行为表现”④。由定义可见，绩效是能够用熟练程度来评价的与所在的组织目标相关的一系列行为，所以绩效就是行为本身。

（三）行为与结果绩效观

Mohrman 等认为绩效既包括行为，也包括取得某些结果。Binning 和 Barrett 认为绩效包括实现组织价值手段的行为单元和体现组织价值的结果单元，所以，行为的不同会直接导致不同的结果产生。Brumbrach 指出绩效是“行为和结果”，“从事工作的人通过其行为将工作任务付诸实施。行为是实现结果的工具，其本身也是为完成任务目标所付出的劳动的结果”⑤。所以对绩效进行管理时，投入和产出两方面都要予以考虑。

由此可见，绩效管理不仅要考虑投入（行为），也要考虑产出（结果）。绩效包括应该做什么和如何做两个方面。

本书拟采用第三种观点对石油区域物流中心运作的效果进行评价，关于石油区域物流中心运作的效果应该从行为和结果两个方面来看，建立区域物流中心的目的是通过依赖某些行为优势产生必要的结果，可见，绩效从两个方面界定是比较合理的。

---

① Bernardin, H. J, Beatty, R. W: Performance Appraisal: Assessing Human Behavior at Work. Boston: Kent Publish, 1995, pp. 21-30.

② 迈克尔·阿姆斯特朗:《战略化人力资源方法》，张晓萍、何昌邑译，华夏出版社2004年版。

③ Murphy R. J: Field Performance of a Digital Transient Surge Recorder. IEEE Transactions on Power Delivery, 1990 (2).

④ Campbell: A Theory of Performance. San Francisco, CA: Jossey-Bass, 1993.

⑤ Brumbrach: Performance Managenient. London: The Cronwell Press, 1988.

石油区域物流中心运作效果是指各石油区域物流中心通过信息共享和协调，在内外资源的支持下，通过对石油资源的集散和辐射，完善信息网络，便捷交通运输，共同采取各种活动，并行、同步运行，形成过程和结果的绩效。

二、石油区域物流中心运作的价值理论

石油区域物流中心运作的评价应当注重成员企业的长期合作与稳定性，注意对客户满意度等非财务指标的计量；在保证石油区域物流中心的运营效率的同时，突出它的柔性；除了对成本绩效的要求外，对敏捷性等影响第四方物流企业整体竞争力的指标也应十分关注；还应注意企业合作与协调的关系等。

（1）评价指标趋于合理

从整个供应链的角度来分析整个石油区域物流中心的运作问题，考虑到各成员企业之间的相关性，避免单独从一个成员企业自身分析，更加客观全面地反映出整个石油区域物流中心的运营情况。

（2）绩效评价越来越看重组织未来的发展

现代社会经济高速发展，企业所处的市场环境瞬息万变，因此石油区域物流中心的运营绩效也应该更加看重未来企业发展的长期利益，而不是只看重当前眼下的利益。所以我们应该动态，实时地对经营结果进行考核衡量。当前，许多企业忽视了对组织的未来发展有重要影响的无形绩效的重视，例如团队的氛围和融洽的团队精神等，但是随着知识经济时代的到来，面对日益激烈的竞争环境，单纯地只考虑企业利润无法保持企业持续的竞争优势，无形绩效对于企业也就变得越来越重要。

（3）非财务指标和财务指标并重

将石油区域物流中心的未来长期发展和短期利润相组合，实现两个目标之间的有效传递。石油区域物流中心运作绩效一方面表现为物流运作有效性的提高，需通过财务指标来评价；另一方面体现在企业的快速适应能力、正确决策能力、学习能力的提高，可通过非财务指标评价①。

---

① 李刚：《企业组织结构创新的机理与方法研究》，武汉理工大学硕士学位论文，2007 年。

第二节　石油区域物流中心运作绩效评价设计

一、石油区域物流中心运作绩效评价模型

关于组织绩效的研究角度众多，组织绩效评价模型也大不相同，但基本都上采用“输入—过程—产出”的基本模式构建。输入方面常用的影响因素有组织成员特性、组织特性、环境资源因素。过程方面常用的影响因素有凝聚力、组织合作、冲突、领导等。在对产出的描述上，运用多种方法，从多种角度强调了个体绩效和组织绩效。

（一）组织绩效评价模型

组织绩效评价描述性模型是由 Mc Grath 在 1964 年最早提出的，主要由“输入—过程—产出”三个子系统构成①。其中，输入主要包括个体因素、组织群体因素和环境因素和其他因素。模型如图 6-1 所示：

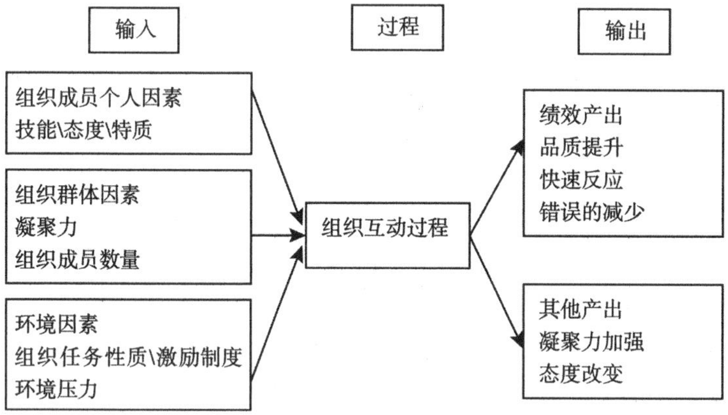

图 6-1　Mc Grath 组织绩效评价模型

（二）石油区域物流中心运作绩效评价模型

现阶段对组织绩效评价模型的研究多参考了 Mc Grath 在 1964 年提出

① Mc Grath，J. E. Groups：Interaction and Performance. Prentice-Hall，Englewood Cliffs，NJ，1964.

的“输入—过程—输出”的系统化结构。

国内也有学者研究指出，可以通过组织构建（任务性质、成员企业数量、运作时间、任务多样性等）、协同运作过程（协同运作目标、组织沟通和协调）、环境因素（行业环境、市场机遇等）三类关键调节因素来评价组织绩效。

本书基于 Mc Grath 组织绩效评价模型和国内学者提出的“三类调节因素”来构建石油区域物流中心运作绩效评价模型①，其中还考虑到了石油区域物流中心运作所需的支撑因素，石油区域物流中心运作绩效评价模型如图 6-2 所示。

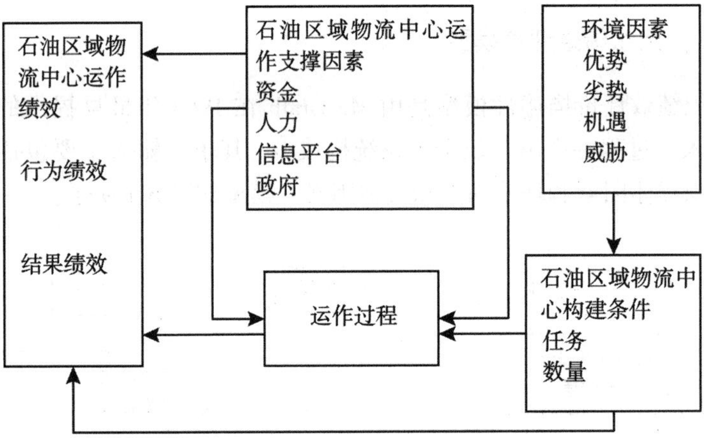

图 6-2　石油区域物流中心运作绩效评价模型

该模型描述了石油区域物流中心作为一个开放系统，受到行业环境和市场机遇与威胁等环境因素的影响，间接影响了绩效的输出。运作过程中，静态方面有目标、规模等组合组成的石油区域物流中心运作评价因子，动态方面有环境的机遇与威胁，以及石油区域物流中心运作过程中的信任、决策、利益分配等组成的石油区域物流中心运作过程因子，两者之间相互影响，并最终对石油区域物流中心运作的行为与结果的绩效产生影响。

① Mc Grath，J. E. Groups：Interaction and Performance. Prentice - Hall，Englewood Cliffs，NJ，1964.

二、石油区域物流中心运作绩效评价指标设计

石油区域物流中心的目标就是拓展石油辐射范围，形成中心石油功能。根据这一目标，把石油区域物流中心绩效评价指标体系分为行为绩效子系统和结果绩效子系统。行为绩效子系统主要用来评价石油区域物流中心运作中的参与成员企业及成员间相互合作关系的行为；结果绩效子系统主要用来评价石油区域物流中心效益的提高。然后以子系统为主线，依据绩效评价理论，分别将每个子系统分为若干评价模块，设计出石油区域物流中心绩效的评价指标体系。

（一）石油区域物流中心运作的行为绩效子系统

石油区域物流中心运作行为的改善是实施石油区域物流中心的主要目标，也是最终实现绩效提高的重要前提，因而行为绩效应为石油区域物流中心运作绩效评价的重要组成部分。根据第四方物流企业协同运作的特点，将行为绩效子系统分为个体行为绩效、组织行为绩效两个模块。

1. 个体行为绩效模块

员工不良的行为方式会影响企业的绩效，例如缺勤、迟到、抱怨等。故特设缺勤率、迟到率、工作错误率、抱怨率、离职率五个个体行为绩效指标。

2. 组织行为绩效模块

良好的组织行为要求组织内部管理幅度适当、授权适度、员工参与度高、员工工作满意度高。因此，反映组织绩效相关组织行为绩效有以下指标：管理幅度合理性、授权合理性、员工参与度、组织适应性、员工工作满意度、群体凝聚力①。

（二）石油区域物流中心运作的结果绩效子系统

石油区域物流中心运作的结果评价是多方面的，既包括石油区域物流中心运作的整体运营能力，还包括在整个运营过程中所取得的经济效益，同时还应从客户的角度对运作结果进行评价。按照这一思路，把第四方物流企业协同运作的结果绩效子系统也分为六个模块，如图 6-3 所示。

---

① 张美丽、石春生：《企业组织创新与技术创新匹配效应涌现的机理研究》，载《软科学》2013 年第 6 期。

- 行为绩效子系统 U_1
  - 个体行为绩效 U_{11}
    - 缺勤率 U_{111}
    - 迟到率 U_{112}
    - 抱怨率 U_{113}
    - 离职率 U_{114}
    - 工作错误率 U_{115}
  - 组织行为绩效 U_{12}
    - 管理幅度合理性 U_{121}
    - 授权合理性 U_{122}
    - 组织适应性 U_{123}
    - 员工参与度 U_{124}
    - 员工工作满意度 U_{125}
    - 群体凝聚力 U_{126}
- 结果绩效子系统 U_2
  - 布局与建设规模 U_{21}
    - 现有物流设施利用率 U_{211}
    - 土地面积利用率 U_{212}
    - 总建筑面积利用率 U_{213}
    - 总仓库面积利用率 U_{214}
  - 机器设备 U_{22}
    - 维护保养 U_{221}
    - 设备可靠性 U_{222}
    - 自动化程度 U_{223}
    - 设备的作业弹性 U_{224}
  - 信息水平 U_{23}
    - 硬件配备水平 U_{231}
    - 软件先进程度 U_{232}
    - 信息活动主体的水平 U_{233}
    - 信息设备利用率 U_{234}
  - 库存功能 U_{24}
    - 库存能力 U_{241}
    - 收发货能力 U_{242}
    - 库存周转期 U_{243}
    - 存货成本 U_{244}
  - 配送能力 U_{25}
    - 配送成本 U_{251}
    - 经济性 U_{252}
    - 产品可得性 U_{253}
    - 运输安全性 U_{254}
  - 服务质量 U_{26}
    - 毁坏频率 U_{261}
    - 顾客退货数 U_{262}
    - 退货费用 U_{263}
    - 事后用户满意率 U_{264}

图 6-3　石油区域物流中心运作绩效评价指标设计

（1）布局与建设规模模块。评价指标主要有：现有物流设施利用率、土地面积利用率、总建筑面积利用率、总仓库面积利用率。

（2）机器设备模块。评价指标主要有：维护保养、设备可靠性、自动化程度、设备的作业弹性。

（3）信息水平模块。评价指标主要有：硬件配备水平、软件先进程度、信息活动主体的水平、信息设备利用率。

（4）库存功能模块。评价指标主要有：库存能力、收发货能力、库存周转期、存货成本。

（5）配送能力模块。评价指标主要有：配送成本、经济性、产品可得性、运输安全性。

（6）服务质量模块。评价指标主要有：毁坏频率、顾客退货数、退货费用、事后用户满意率①。

第三节　石油区域物流中心运作绩效评价方法

一、异构标准多目标线性 DEA 绩效评价方法

美国运筹学家 A. Chames 等人于 1978 年创立了数据包络分析（DEA），它是用数学规划模型来评价多种投入和多种产出的同类型的决策单元（DMU）相对有效的工具②。

DEA 方法的运用要求评价对象间具有可比性。这样，“相对效率”的概念才能有意义。石油区域物流中心具有相同或相似的系统边界、约束、价值准则和环境因素，因此，石油区域物流中心具有 DEA 方法所要求的可比性，故将其用于物流企业经营绩效的评价是可行的。不仅如此，用 DEA 方法评价石油区域物流中心经营绩效评价还具有如下优越性③。

（一）DEA 方法能有效地对石油区域物流中心经营绩效进行评价

石油区域物流中心是一个多环节，多层次的复杂系统，各个输入和输

---

① 叶艺勇：《物流企业绩效评价方法的实证研究》，载《物流科技》2015 年第 2 期。

② 转引自柳键、邱国斌：《基于 DEA 模型的我国物流投入产出效率分析》，载《物流工程与管理》2011 年第 1 期。

③ 唐建荣、刘淑芬：《基于 DEA 的上市物流企业绩效评价研究》，载《合作经济与科技》2015 年第 10 期。

出之间存在某些复杂的关系，各子系统之间相关性影响大，整个系统很难统一描述。而运用 DEA 方法，则避开了对这些交互作用与关系影响的显性表示。定位的方式是通过确定被评价对象的相对有效性来实现的，从而对某个石油区域物流中心经营绩效给予有效评价。另外，需要从不同的侧面用不同的指标对石油区域物流中心这个动态系统进行综合评价。用 DEA 方法对石油区域物流中心绩效进行评价时则无需考虑量纲同一化问题，评价结果也就更加准确和有效。

（二）DEA 方法可以有效地分析各被评价对象相对规模收益

石油区域物流中心的若干功能要素之间存在“效益背反”的矛盾，即若某一功能要素取得利益，必然会引起另一（几）个功能要素损失利益，而利用 DEA 方法能反映出物流系统的规模收益，对管理者改进石油区域物流中心具有借鉴价值。

（三）DEA 方法为石油区域物流中心经营绩效评价指标体系的正确建立提供反馈信息

通过 DEA 方法可以对石油区域物流中心的评价结果加以统计分析，了解影响物流企业技术有效性的主要因素，从而便于企业采取措施，重点突破，提高石油区域物流中心经济效益。同时，在统计分析时，通过增减某个指标，分析石油区域物流中心经营绩效的有效性变化，得出评价对象对输入输出指标的依赖情况，从而分析、调整石油区域物流中心经营绩效评价的指标体系。

DEA 方法自创立以来吸引了众多的研究者，应用范围不断扩大，目前已成功应用于军用飞机飞行，基地维修保养，武器装备效率分析，城市、银行等相对效率评价，并取得了良好的效果。

二、石油区域物流中心运作绩效评价应用处理

（一）确定评价目标

选择 DEA 模型和建立输入输出指标的主要依据是确定评价目标①。通过评价企业整体竞争效果来对企业竞争力进行 DEA 评价，既可以对同一个

① 李化：《基于 DEA 的第三方物流企业绩效评价》，载《沈阳工程学院学报》（社会科学版）2010 年第 2 期。

时期同种类型的不同企业进行相对效率的比较，也对同一企业的不同时间进行相对效率的比较，通过这些比较，能更好地降低决策的错误和风险，提高决策效率。

（二）决策单元的选择与效率

DEA 方法的一般模型为 C^2R 模型。它在规模收益分析，不变输入的利用率，成本最小问题等方面有明显优势。运用 DEA 方法对参考集中的 DMU 有两个要求，即一是“同类型”特征，二是通常个数不少于 8 个。在物流企业经营绩效评价中，对企业进行纵向比较时，DMU 可以是不同的年份或时间段，横向比较时，则应注意各 DMU 的可比性。除此以外，还可以考虑加入一些“期望输入输出”的 DMU 至原样本中，以便更好地研究各 DEA 的相对有效性。

设有 n 个决策单元，每个单元都有 m 种“输入”以及 s 种“输出”，其输入输出关系如图 6-4 所示。

$$
\begin{array}{c}
\qquad\qquad\quad 1 \qquad 2 \qquad \cdots \qquad N\text{（评价系统）} \\
\text{投入}\left\{\begin{array}{l} X_1 \rightarrow \\ X_2 \rightarrow \\ X_3 \rightarrow \\ \cdots \\ X_N \rightarrow \end{array}\right.
\begin{pmatrix} X_{11} & X_{12} & \cdots & X_{1n} \\ X_{21} & X_{22} & \cdots & X_{2n} \\ X_{31} & X_{32} & \cdots & X_{3n} \\ \cdots & \cdots & \cdots & \cdots \\ X_{n1} & X_{n2} & \cdots & X_{nn} \end{pmatrix} \\
\begin{pmatrix} Y_{11} & Y_{12} & \cdots & Y_{1N} & \rightarrow \\ Y_{21} & Y_{22} & \cdots & Y_{2N} & \rightarrow \\ Y_{31} & Y_{32} & \cdots & Y_{3N} & \rightarrow \\ \cdots & & & & \cdots \\ Y_{M1} & Y_{M2} & \cdots & Y_{MN} & \rightarrow \end{pmatrix}
\left.\begin{array}{l} Y_1 \\ Y_2 \\ Y_3 \\ \\ Y_N \end{array}\right\}\text{产出}
\end{array}
$$

图 6-4　石油区域物流中心“输入”和“输出”数据

所谓决策单元具有 100%的决策效率是指：（1）在现有输入条件下，如果不降低其他输出，都无法达到任何一种输出的增加；（2）要达到现有的输出，如果不增加其他输入，都无法实现任何一种输入的降低。只有当决策单元的决策效率达到了 100%，该决策单元就是有效的。

（三）输入输出指标的确定

为了能够全面科学地反映物流决策的综合效果，同时为了计算简单，操作实用，对输入输出指标的选择如下：

输入指标：机器设备维护保养，存货成本，退货费用，配送成本。

输出指标：事后用户满意率，运输安全性，经济性，现有物流设施利用率，信息设备利用率，收发货能力，仓库利用率。

根据上述数据，以 C^2R 模型为基础，对被评价的物流中心系统 DMU_0 进行横向相对效率评价的模型构建如下：

$$\begin{cases} \text{Min}\theta \\ \text{s.t.} \sum_{j=1}^{n} \lambda_j x_{ij} \leqslant \theta x_0,\ (i = 1, 2, 3, \cdots, n) \\ \sum_{j=1}^{n} \lambda_j y_{rj} \geqslant y_0,\ (r = 1, 2, 3, \cdots, n) \\ \sum_{j=1}^{n} \lambda_j = 1,\ \lambda_j \geqslant 0 \end{cases} \tag{1}$$

设规划（1）的最优解为 λ^*、θ^*，则有：

若 $\theta^*=1$，则判断物流系统 DMU_0 与同类型其他物流系统相比为 DEA（C^2R）有效。

若 $\theta^*<1$，则判断物流系统 DMU_0 与同类型其他物流系统相比为 DEA（C^2R）无效。

第七章　石油区域物流中心运作的案例分析

第一节　中石油云南销售公司物流运作现状

中石油云南销售公司隶属于中国石油天然气集团，于2000年7月进入云南省成品油市场，截至2014年年底，公司拥有下属14个州市分公司、5个控股公司，员工7800多人；在营加油站549座；年销售油品375万吨，其中零售量260.5万吨；有租赁、资产型油库12座，控制库容29.78万方，成品油市场供应占云南省39%；实现销售收入284.43亿元，上缴税金2.67亿元。2009—2014年，中石油云南销售公司销售总量实现了年均26.8%的增长，市场占有率连续五年在中国石油19家区外销售公司排名第一。

一、中石油云南销售公司油库分布

中石油云南销售公司现营运油库12座：

（1）按经营性质分，拥有自营油库6座分别位于安宁、四瑞、大屯、昆阳、楚雄、南华；拥有代储油库6座，分别位于民航、晋宁、曲靖、宣威、罗平、清华洞，总库容达到29.78万方，其中汽油库容达到12.74万方、柴油库容达到17.04万方。

（2）按地理位置分：滇中位置有6座，分别位于安宁、四瑞、大屯、昆阳、民航、晋宁；滇西位置有3座，分别位于楚雄、南华、清华洞；滇东北位置有3座，分别位于曲靖、宣威、罗平。

各油库采用铁路入、公路出的运输方式。由于云南公司油库存在库容小，不存在库存积压情况，中石油云南销售公司油库分布如图7-1所示：

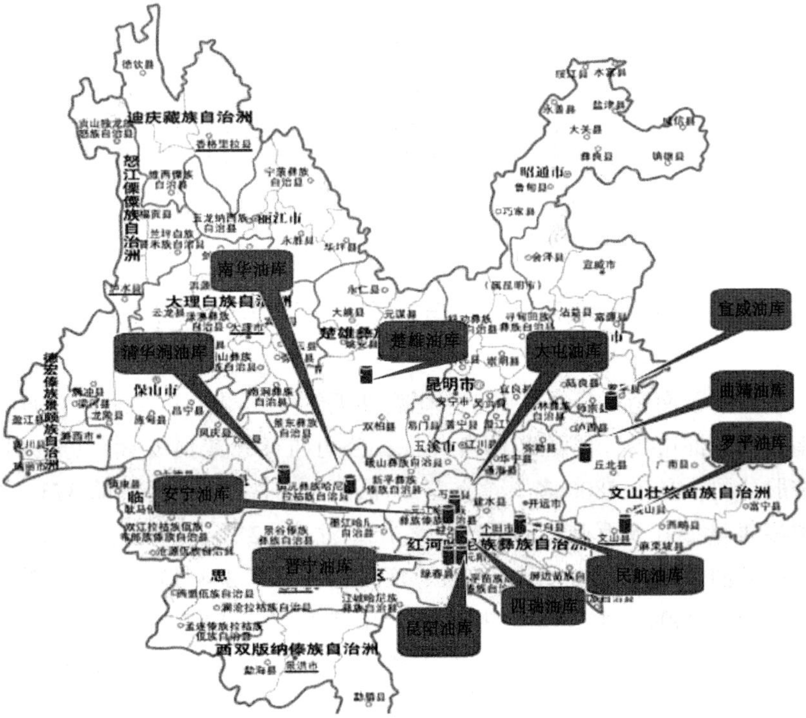

图 7-1　中石油云南销售公司油库分布①

二、中石油云南销售公司资源供应渠道

中石油云南销售公司的石油供应渠道主要来自三个部分：（1）西北地区供应资源，主要由贵州进行资源供应，由铁路方式运输到云南，铁路平均运距为 3500 公里，平均每吨油运输费用为 650 元；（2）东北地区供应资源，由水运方式运输到云南，水运平均运距为 2800 公里，平均每吨油运输费用为 300 元；（3）自采供应资源，在云南当地自采资源。2009 年以前，中石油云南销售公司的石油供应渠道以西北地区供应资源为主，以东北地区供应资源为辅；2012 年以后，石油供应渠道以广西石化资源为主，以西北地区供应资源为辅；2014 年及以后，以云南地区昆明石化资源为

① 该图来源于笔者参与的中石油云南销售公司横向研究课题所使用的企业内部资料，本书图 7-2、图 7-3、图 7-4 均同此来源，不再出注。

主，其余资源为辅助，如图 7-2 所示。

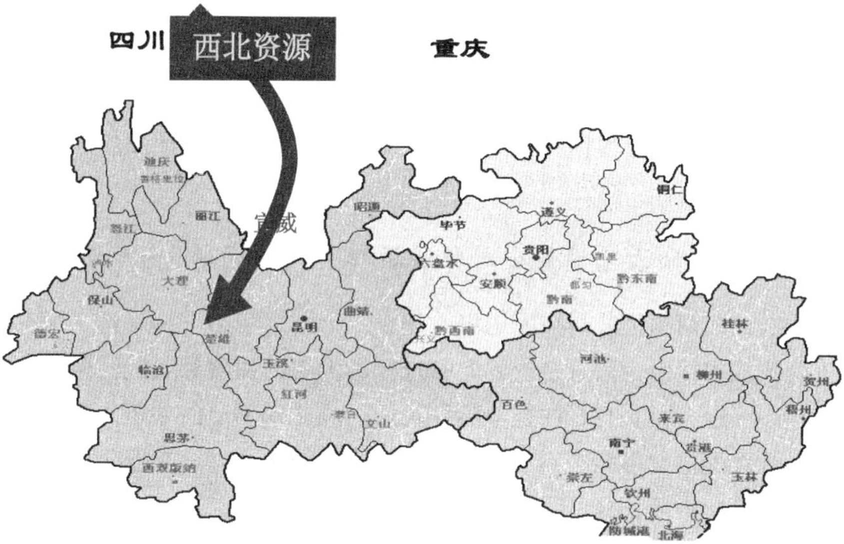

图 7-2 中石油云南销售公司资源供应渠道

三、中石油云南销售公司物流过程

目前中石油云南销售公司物流过程包含两个阶段，如图 7-3 所示：

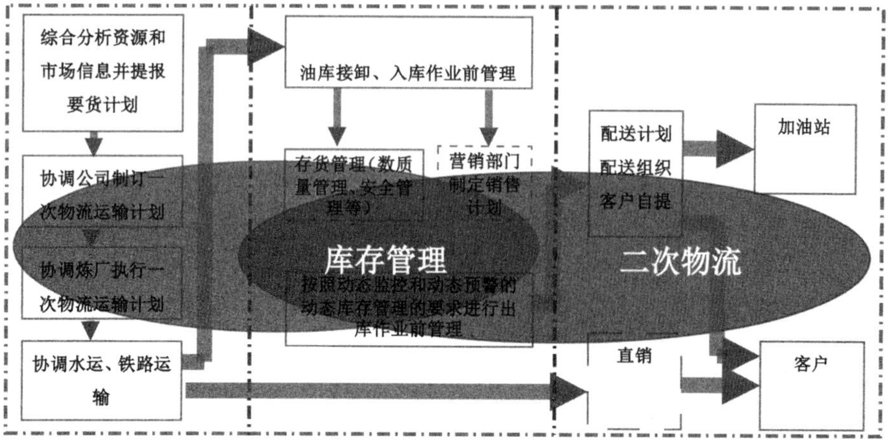

图 7-3 中石油云南销售公司物流过程

第一阶段：一次物流，是指从石油炼厂，即供货商到销售公司油库的物流过程，通过销售公司调运处与西北地区和东北地区供应商衔接，根据销售需要组织成品油发运到云南油库；

第二阶段：二次配送，是指成品油从油库到加油站或者客户的物流过程，通过二次物流系统，根据加油站的库存、销量、仓储空容信息制作主动补货计划，承运商根据补货计划组织车辆到指定油库，把油品配送到指定加油站。

四、中石油云南销售公司物流运作存在的问题

中石油云南销售公司在配送中心建设、公路运输第三方承运、库存管理、物流成本控制、信息系统等方面进行了大胆的探索和实践，但仍然存在着诸多问题，尤其与石油行业标杆企业还有非常明显的差距。这些差距突出表现在配送费用高居不下、油库及库容分布不合理、专业化管理水平不高、信息化程度不高、配送专业人才匮乏等方面。

（一）配送费用高居不下

云南地区由于地理区位原因，成品油运输方式单一，其中一次配送主要依靠铁路运输，二次配送主要依靠公路运输，上述原因直接导致成品油配送环节多、流程长，加之配送没有打破地域界线，跨地域配送少，配送区域小，配送半径不合理，致使配送费用过高。

此外，公路油罐车辆参差不齐，有国外进口的分仓车辆、国内生产的标准车辆、社会组装的车辆等，大部分运输企业的车辆标准不统一，运输车辆陈旧，安全隐患较多，且大吨位、分仓车辆较少，加之省内部分区域尚未建立运输车辆优化系统，运输效率较低，配送成本较高。虽然云南省内加油站数量较多，但布局不合理，大部分加油站的卸油区域面积小，总容积和单体储油罐容积小，无法满足大吨位车辆接卸的要求，加之自动化和信息化程度较低，致使配送效率不高。

（二）油库及库容分布不合理

中石油云南销售公司油库主要集中在昆明、楚雄、曲靖地区，其他地区无油库及库容，如图 7-4 所示，油库及库容分布不合理，导致二次配送运距比较大，物流成本增加。公司通过租赁油库和代储，一定程度上缓解

了资产型油库布局不到位和周转能力不足的矛盾，改善了配送条件，但因云南地区油库属后期收购，油库基础设施落后且库容小，租赁、代储油库较多不利于管理。

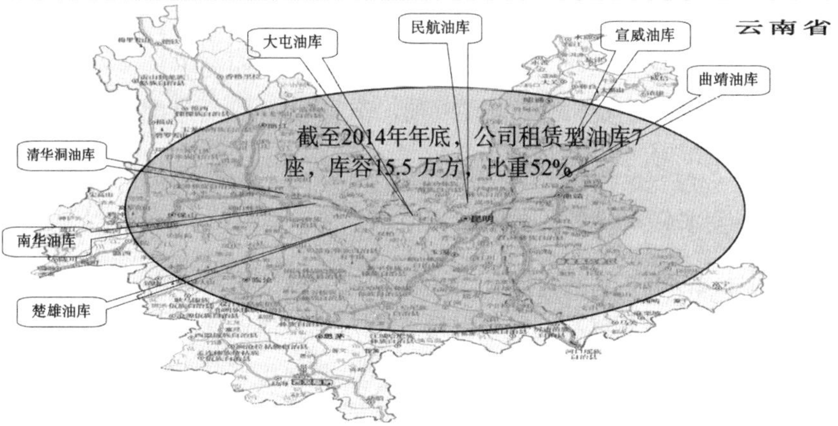

图 7-4　中石油云南销售公司租赁油库与代储油库分布

由于中石油云南销售公司油库单库容量小、布局不合理、利用率低，油库周转次数小于石油行业平均标准值，详见表 7-1。

表 7-1　**中石油云南销售公司油库基本情况**

名称	性质	股权比	库容（万方）	2014 年周转次数
楚雄	全	100%	1. 5	6. 09
安宁	控	80%	2. 3	13. 28
大屯	控	90. 6%	1. 94	5. 17
清华	控	75%	3. 36	12. 34
昆阳	参	33%	1. 42	10
南华	全	100%	0. 6	4
民航	租赁	0	1. 69	16. 41
四瑞	租赁	0	1. 64	6. 38
晋宁	租赁	0	4. 55	4. 69
曲靖	租赁	0	0. 64	11. 82

续表

名称	性质	股权比	库容（万方）	2014年周转次数
宣威	租赁	0	0.73	10.68
罗平	租赁	0	2.03	9.62

在云南省部分消费集中的区域，油库储运能力明显不足，尤其缺乏集散型物流中心油库；此外，部分油库是20世纪60年代建设投产的，设备带病运行，油品质量和数量的损耗较大。

（三）专业化管理水平不高

与国外成品油配送管理相比，中国的成品油配送管理水平还很低。我国的成品油从出厂到终端销售没有统一的物流整体调运方案，依然采用区域型的经验管理和工作方式，导致资源到库的均衡性差。中石油云南销售公司大多数配送没有真正实现对运输路线和运输方式选择的优化，配送区域范围划定不合理，配送计划制订的准确性不高，导致逆流、倒流、对流、重复、过远运输等不合理的运输现象时常发生。

（四）信息化程度不高

目前，我国整体成品油配送信息网络化建设尚处于起步阶段，信息化程度较低，而且缺乏从上至下的统一性，未能形成统一的信息网络平台，大部分油库、加油站虽然实现了计算机自动化管理，但仍未纳入到全国配送网络一体化的管理体系。各区域销售企业仍然采用独立管理，维护和开放各自区域的信息系统，未做统一的配送信息规划，对未来的信息化建设势必造成一定的浪费和协调困难。中石油云南销售公司由于没有实现信息的共享，导致配送决策的科技含量少，人为干预因素多，还未达到自动处理、实时调度的程度，配送信息化发展程度越来越不适应配送业务的发展需要，已成为制约成品油销售业务发展的瓶颈。

（五）配送专业人才匮乏

成品油的配送，需要既懂现行成品油商流、物流、资金流和信息流的业务流程，同时又懂现代物流理论技术的复合型人才。从国外配送的发展经验来看，销售企业只有拥有一批熟悉现代配送理论和实践经验的专业人才，才能促进企业的快速发展。目前中石油云南销售公司配送专业人才严重匮乏，也是制约其成品油配送体系进一步发展的主要瓶颈。

第二节　中石油云南销售公司构建区域性物流中心的战略

根据前文的探讨，石油物流体系是一个复杂而又巨大的系统，区域物流中心的构建可以很大程度上优化石油企业中常见的物流资源分散、“大而全”、“小而全”，“诸侯割据，自成体系”的局面，为了实现中石油云南销售公司物流效率提升，降低运营成本，建立区域物流中心是值得尝试的方式，那么究竟应采用什么战略来实现区域物流中心的构建是需要思考的问题。

一、战略选择

石油行业是资金和技术十分密集的行业，全球化趋势日益明显，实施竞合战略，通过优势互补来抢占新技术制高点和扩大市场份额已成为国外石油公司的普遍做法。对于高风险、高技术、高投入的石油公司来说，规模经济是形成企业整体实力的关键。集团化和企业内部专业化、企业之间“强强联合”、优势互补已成为各大石油公司迅速增强自身实力的有效途径。在成品油物流领域主要体现合作和双赢两个特征。中石油云南销售公司应顺势而为，抓住机遇，寻找合适的共建伙伴，实现资源互补对接建立区域物流中心。

二、实施策略

1. 转变观念

随着我国石油市场的逐步放开，国外石油公司凭借其在资源、技术、管理、人才等方面的优势，必将对国内石油企业形成巨大挑战。面对这一挑战，国内石油企业最好的应对方案不是开展针锋相对的竞争，而是寻求积极合作的途径，建立联盟伙伴关系。中石油云南销售公司可考虑在云南省内成立股份制公司建立区域物流中心，国内石油企业依靠现有的资源与网络优势，汲取国外石油公司在技术、管理、人才等方面的先进理念与经验，实现互利双赢。

2. 选择合适的伙伴

联盟伙伴的选择应根据企业自身的发展目标和能力，同时要有利于技术创新、节约成本的总目标。选择战略联盟伙伴最起码的要求是诚实、富有创新意识和企业家精神。在选择联盟伙伴的过程中，对每一个国家不同企业的个性和特点加以辨别和认识是非常重要的。由于文化差异的存在，人们很难正确估计潜在合作者的个性特点，也不易预测和他们的关系是否会融洽，但只要本着尊重对方的文化习惯，并遵从国际惯例，抱着积极合作、彼此信任的态度，一切问题都能在协商中解决。中石油云南销售公司在选择联盟伙伴时，需要突破企业越大越好的观念，并非只有与大型跨国公司才能结成战略联盟，不能以企业大小来判断联盟的合理性。事实上，国外的许多中小型跨国公司往往拥有一些特定的先进技术，只要企业间有互补性技术和技能，就可以结成战略联盟。当然，战略联盟伙伴也可以在国内企业中选择，国内企业之间文化相近，企业文化更具相容性，更有利于促成共同目标的实现。比如中石油云南销售公司可考虑具备一定实力、企业信誉较好、与地方政府关系密切，抑或是具备一定规模油库或终端销售网络系统的中间商，作为分销领域的战略合作伙伴，可更有效地利用当地各种储运设施能力，扩大终端占有率，提高企业整体经济效益。

3. 建立合理的合作关系

第一，为了平衡联盟的利益分配问题，在建立区域物流中心合作之初，就应该针对合作的具体情况，明确界定合作各方的责、权、利，防止将来由于环境变化而出现种种矛盾，影响区域物流中心的正常运作。在优势互补问题上，双方应该预先在技术、人员、资源等优势要素方面达成共识和协议，并在建立区域物流中心实践过程中认真贯彻，以确保双方都能够在合作中实现利益、能力的共享与双赢。在这一方面，中石油云南销售公司建立联盟关系时应注意在资源整合、价格机制等方面形成具体协议，以保障合作的顺利开展。

第二，企业在合作构建区域物流中心时应该尽可能地立足于长远，着眼于未来。

第三，在构建区域物流中心的同时，应明确具体的合作项目，为共同的目标承担约定的责任，并获取相应的利益。

第三节　中石油云南销售公司区域性物流中心组织结构及运作

一、石油区域物流中心组织结构

一旦选定合作伙伴后，石油区域物流中心按照一级管理模式组建，设区域物流中心和区域仓储配送中心两个等级，区域物流中心属经营管理层，区域仓储配送中心属于区域物流中心派驻各区域中心油库的执行操作层。区域物流中心对各配送中心实行人员、费用、设备设施一条线管理；区域仓储配送中心负责管理区域内油库。根据区域物流中心工作的需要，可设资源调配室、资源配送室、油库管理室和综合管理室。

二、石油区域物流中心职责

石油区域物流中心主要负责油品的采购、入库以及出库后的运输和质量管理，是成品油的管理中心，其主要职责如下：①保证油库和加油站的合理库存；②提高运输设施的综合利用效率和功能，改善云南省油库的综合管理水平；③制订成油品的储备、运输计划；④优化成品油的发运进度和运力调度方案，降低成本，支撑其他各专业中心的工作；⑤管理油库安全、质量和实物设备；⑥对油库的新建、改扩建项目提出合理化建议；⑦制定下达各配送中心年度主要工作任务与管理目标，编制组织实施配送中心费用预算；⑧制订区域物流中心工作人员的招聘、解聘、培训、薪酬和考核方案。

三、石油区域物流中心物流基本业务及流程

（一）石油区域物流中心物流基本业务

1. 资源调运管理

①根据调配计划和自提计划、公司油品库存情况、各炼厂的油品生产情况等生成统一调运计划；②落实每天的铁路轻罐车、船舶数量，对一定时间内铁路轻罐车、船舶的运行情况进行预测，并据此跟踪、核对油品发运与调运计划的一致性；③根据分公司油品的库存情况，及时准确变更调运计划。

2. 资源配送管理

中石油云南销售公司区域物流中心主要负责根据各加油站的成品油配送量优化各油库的资源配置。区域物流中心每天优化编制配送计划，逐步实施对各自有、租赁加油站的成品油配送，在可能的情况下，最大限度地降低加油站库存，提高运输工具的利用率。

3. 质量管理

在成品油的储备、配送的各环节提供优质的服务质量管理。

（二）石油区域物流中心物流运作流程

中石油云南销售公司区域物流中心运作流程，如图 7-5 所示。

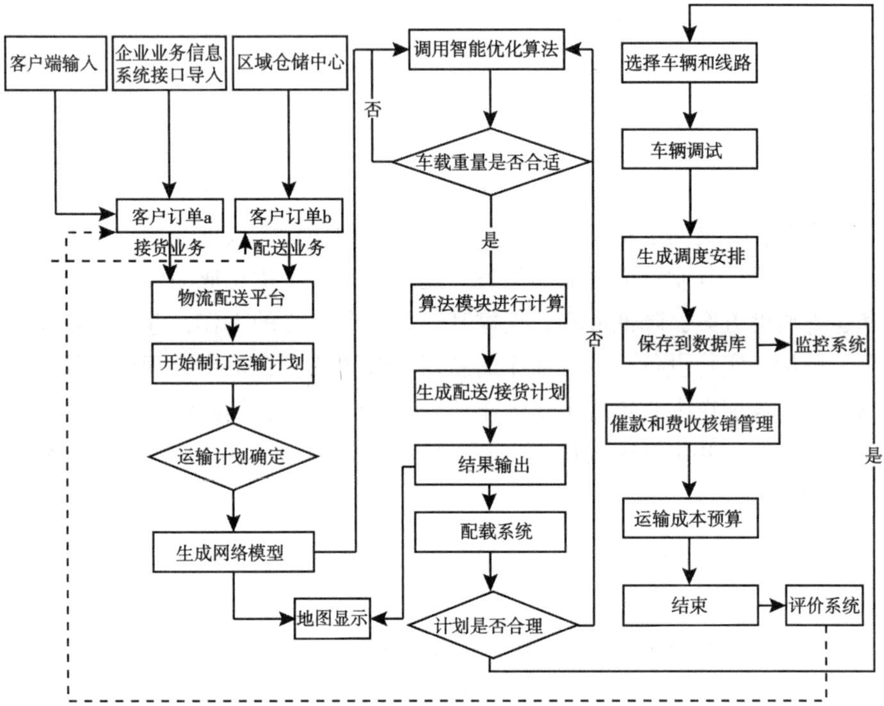

图 7-5　石油区域物流中心运作流程

第八章　全书总结与展望

一、全书总结

目前我国石油资源分布散乱、炼油厂布局与社会需求不均衡以及全国铁路运输紧张的状况在短期内无法改变，这些不利条件使得我国成品油的运输成本高、效率低，而我国石油企业每年的物流费用在1000亿元以上。石油区域物流中心的建设，可以加快成品油管道运输优化、调整我国成品油运输结构、降低成品油运输成本、提高运输周转效率，对交通运输业产生深远的影响，积极促进我国建立现代化的区域运输体系。

本书从石油区域物流中心合作伙伴的选择、合作机制的设计和区域物流中心的构建流程三方面来探讨石油区域物流中心的构建，并从建成后的石油区域物流中心的运作模式出发，探讨物流中心的管理模式、组织模式以及过程模式，根据石油区域物流中心的运作流程与物流的特点，分析信息平台的功能需求，搭建信息平台，对提升石油物流运作水平，实现资源的优化配置与整合，降低物流成本具有重要的现实意义和理论价值。综合起来，本书主要内容及结论如下：

（1）界定石油区域物流中心的概念和内涵，分析石油区域物流中心产生的动因，并从理论角度加以阐释，认为石油区域物流中心是组织、衔接、调节石油物流活动的较大型物流据点，并具有移动设备、通信设备、控制设备和相应组织结构，不仅具备仓储功能，还能同时结合物流据点网络化及物流情报网络化，实现物流的系统化与效率化，以交通运输枢纽为依托，建立成品油集散场所。石油区域物流中心具有流转功能、仓储功能、物流信息处理功能、接卸功能。我国石油区域物流中心产生的动因主要来自于成品油量迅速增加、多式联运的发展、流向和运距的合理性要求、物流成本压力等方面。

（2）通过分析石油领域中物流合作伙伴的特征，运用定性与定量法结合的方法，主要从企业资质、历史信誉、合作关系三方面考虑物流中心的合作伙伴的选择。石油区域物流中心合作机制设计是一个不完全信息动态博弈过程，通过参与约束分析、激励相容约束分析探讨不同阶段的最优合作机制，报酬函数必须满足第三方服务商因为“提供低水平服务”而受到的惩罚要大于其因为“提供低水平服务”而节约的成本，使其“提供低水平服务”得不偿失，这样才能对第三方的行为达到激励约束的目的。

（3）石油区域物流中心的构建过程有三个阶段：第一个阶段，石油区域物流中心选址，基于炼油厂的供油能力稳定，能充分满足油库和加油站的需求，各加油站布局已定，并可以准确预测随时间而变化的需求量，只配送同一种油品假设，建立一个多目标优化模型，以选取物流中心位置的最优解，从而实现总成本最小；第二个阶段，石油区域物流中心设施布局规划，主要针对油库库容不足、布局不合理、分布不均匀，导致周转率较低，自动化程度低，硬件设施较差，物流运输格局不合理等问题开展；第三个阶段，石油区域物流中心规模规划，应该控制总量，适当发展，根据区域经济和社会需要以及成品油消费需求的增长速度，保持成品油仓储库容总量年增长控制在15%左右。另外，对现有仓储油库进行清理，逐步关闭淘汰规模小、设施落后、安全保障性低，布局不够合理、交通不便的油库，对保留下来的油库进行完善提升。

（4）通过分析石油区域物流中心的管理模式、组织模式以及过程模式，探讨建成后的石油区域物流中心的运作模式，并通过对资源整合机制、利益分配机制、信息共享机制的阐述，探讨石油区域物流中心如何在石油供应商竞争合作的方式下的运作。

（5）石油区域物流中心是一个具有多个环节的复杂物流系统，需要石油供应商、客户端和石油区域物流中心三方的共同协调、配合才能实现物流系统的正常运行。物流系统中石油在各个节点间的转移是通过信息予以沟通的，基本资源的调度也是通过上下游企业和物流中心间的信息共享来实现的，所以石油区域物流中心组织物流活动必须以信息为基础。石油区域物流中心信息平台的结构取决于对物流中心的需求分析。整个信息平台应包含有供应端、物流中心和客户端等多个子系统，且各个子系统之间都需要进行信息的共享，确保信息在各个子系统之间运行畅通。石油区域物流中心信息平台中各类信息间的相互关系和信息的流向，为宏观物流系统提供了方案规划依据，并为微观物流提供了运作基础。

（6）石油区域物流中心运作流程包含了五项作业：订单处理作业、石油装卸作业、石油在库管理作业、石油出库作业、配送作业。对石油区域物流中心的运作过程进行反馈混沌控制，利用微分动力学理论把系统的混沌运动转化为规则运动，取不同的控制参数，控制不同的稳定点，能将原本混沌的轨道控制到不稳定不动点并得出多周期轨道。

（7）以中石油云南分公司成品油物流系统运作为案例对石油区域物流中心进行了实证分析并得出结论：为了形成石油运输车辆和人员的统一管理调配，以节约运营成本和运作效率，需建立石油区域物流中心，同时，需要搭建信息平台、制订科学油品配送方案。

二、主要创新点

本书创新点有：

（1）运用关系模型和数学模型描述石油区域物流中心的构建及其过程；

（2）将反馈混沌方法应用到石油区域物流中心层面，对其运作的控制进行研究；

（3）提出石油区域物流中心运作模式与运作机制；

（4）构建支撑石油区域物流中心运作的信息平台；

（5）建立石油区域物流中心运作的绩效评价模型与方法。

三、研究展望

本书主要围绕石油区域物流中心的产生动因、构建与运作过程、运作模式、信息平台构建、绩效评价等内容进行了研究，许多重要的理论和实践问题有待深入探讨。未来的研究方向主要包括：

（1）本书从理论上阐释了石油区域物流中心产生的动因，但尚需对这一阐释加以实证数据的证明，全面地描述和分析其动因的来源，这是需进一步进行研究的。

（2）在石油区域物流中心的构建研究方面，本书主要描述石油区域物流中心合作伙伴的选择和构建流程，也可从其他方面进行构建研究，如构建的影响因素分析，构建的主体要素分析，构建的客体要素分析等。

（3）本书探讨了石油区域物流中心的选择与规模规划，其选择除了受到书中所述因素影响外，还可以考虑石油区域物流中心规模经济的确切表现以及石油区域物流中心与区域经济之间的相互作用机制。

（4）石油区域物流中心运作机制的研究。本书仅对石油区域物流中心运作的资源整合机制、信息共享机制、利益分配机制等进行了初步探讨，还可以在构建数学模型的基础上进行更深入的探讨。

参考文献

专著

[1] Brumbrach . Performance Management. London: The Cronwell Press, 1988.

[2] Bernardin H. J, Beatty R. W. Performance Appraisal: Assessing Human Behavior at Work. Boston: Kent Publish, 1995.

[3] Campbell. A Theory of Performance. San Francisco, CA: Jossey-Bass, 1993.

[4] Hammer M, Champ J. Reengineering the Corporation: A Manifesto for Business Revolution. New York: Harper Collins, 1993.

[5] Richard Muther. Systematic Layout Planning. CBI Publishing Co Inc, 1973.

[6] 巴纳德:《经理人员的职能》,孙耀君等译,中国社会科学出版社1997年版。

[7] 彼德·圣吉:《第五项修炼:学习型组织的艺术与实务》,杨硕英译,三联书店2001年版。

[8] 陈长喜:《ASP. NET程序设计基础教程》,清华大学出版社2013年版。

[9] 冯耕中:《现代物流与供应链管理》,西安交通大学出版社2003年版。

[10] 高晓亮、伊俊敏、甘卫华:《仓储与配送管理》,清华大学出版社2006年版。

[11] 海峰:《区域物流论:理论、实证与案例》,经济管理出版社2006年版。

[12] 孔继利:《物流配送中心的规划与设计》,北京大学出版社2014年版。

[13] 刘昌祺:《物流配送中心设计以及应用》,机械工业出版社2013年版。

[14] 李宏:《加油站营销理论与实践》,中国石化出版社2012年版。

[15] 李云清:《物流系统规划》,同济大学出版社 2003 年版。
[16] 李万秋:《物流中心运作与管理》,清华大学出版社 2003 年版。
[17] 陆卫忠:《网络服务与应用服务器管理》,高等教育出版社 2004 年版。
[18] 马向国:《现代物流配送中心规划、仿真与设计》,中国发展出版社 2014 年版。
[19] 迈克尔·阿姆斯特朗:《战略化人力资源方法》,张晓萍、何昌邑译,华夏出版社 2004 年版。
[20] 马士华、林勇:《供应链管理(第二版)》,机械工业出版社 2009 年版。
[21] 王晓博、马翔:《物流管理学》,哈尔滨工业大学出版社 2010 年版。
[22] 单汩源、戴庾先:《现代物流管理》,湖南大学出版社 2003 年版。
[23] 石志国、李颖薛、为民:《ASP 程序设计》,清华大学出版社 2005 年版。
[24] 覃成林:《区域经济空间组织原理》,河北教育出版社 1996 年版。
[25] 王道平、王利:《现代物流管理》,北京大学出版社 2014 年版。
[26] 王槐林、刘明菲:《物流管理学》,武汉大学出版社 2005 年版。
[27] 王国鑫:《网络服务器配置与管理》,机械工业出版社 2015 年版。
[28] 王成钢、陈登斌:《B to C 电子商务配送系统建设》,湖南师范大学出版社 2008 年版。
[29] 徐天亮:《运输与配送》,中国物资出版社 2012 年版。
[30] 姚城:《物流配送中心规划与运作管理》,广东经济出版社 2011 年版。
[31] 杨希玲、张永恒:《物流管理概论》,中国轻工业出版社 2014 年版。
[32] 周凌云、赵刚:《物流中心的规划与设计》,北京交通大学出版社 2014 年版。
[33] 周雄伟:《供应链信息共享激励模型研究》,武汉大学出版社 2010 年版。

论文

[1] Aldrich H, Pfeffer J. Environments of Organizations. Annual Review of Sociology, 1976 (1).
[2] Alasoini T. Promoting Network-based Organizational Innovation: A New

Approach in Finnish Labour and Technology Policies. International Journal of Technology Management, 2001 (1).

[3] Azaiez. M. N. Optimal Resource Allocation for Security in Reliability Systems. European Journal of Operational Research, 2007 (2).

[4] Byme J. A. The Virtual Corporation. Business Week, 1993 (8).

[5] Baganha M. P, Cohen M A. The Stabilizing Effect of Inventory in Supply Chains. Operations Research, 1998 (3).

[6] Beamon B. M. Measuring Supply Chain Performance. International Journal of Operation and Production Management, 1999 (3).

[7] Clark, Ximena, David Dollar, Alejandw Micco. Port Efficiency, Maritime Transport Costs and Bilateral Trade. Journal of Development Economics, 2004 (3).

[8] Chen-Tang Chen. A Fuzzy Approach to Select the Location of the Distribution Center Fuzzy Sets and Systems, 2001 (1).

[9] Dauzere P. S, Roux W, Lasserre J. B. Multi-resource Shop Scheduling with Resource Flexibility. European Journal of Operational Research, 1998, (2).

[10] Demirag O. C, Swann. Capacity Allocation to Sales Agents in a Decentralized Logistics Network. Naval Research Logistics, 2007 (7).

[11] Donald J. Bowersox, etc. 21st Century Logistics: Making Supply Chain Integration a Reality. Oak Brook, IL-Councilof Logistics Management, 1999.

[12] Dror M, Trudeau P. Stochastic Vehicle Routing with Modified Savings Algorithm. European Journal of Operational Research, 1986 (2).

[13] Edirorial. Collaborationin Logistics. European Journal of Operational Research, 2002 (4).

[14] Fiedler C. Integration by Synchronization: Logistics Planning and Control Based on Petri nets. 2007 1st Annual IEEE Systems Conference, 2007.

[15] G. Mosheiov. The Traveling Salesman Problem with Pick-up and Delivery. European Journal of Operation Research, 1994 (2).

[16] Gendreau M, Laport G, Seguin R. Stochastic Vehicle Routing. European Journal of Operational Research, 1996 (4).

[17] Gunasekaran A, Patel C, Tirtiroglu E. Performance Measures and Metrics

in a Supply Chain Environment. International Journal of Operations and Production Management, 2001 (1).

[18] Grundel D. A. Searching for a Moving Target: Optimal Path Planning. 2005 IEEE Networking, Sensing and Control 2005. ICNSC2005-Proceedings.

[19] Hannan M. T, Freeman J. H. The Population Ecology of Organizations. American Journal of Sociology, 1977 (3).

[20] Harland C. The Dynamics of Customer Dissatisfaction in the Supply Chain. Production Planning & Control, 1995 (3).

[21] Heijden Rob E, C. M. VanDer. An Evaluation Methodology for City Logistics. Transport Reviews, 2000 (1).

[22] Ha B. C, Park Y. K, Cho S. Suppliers' Affective Trust and Trust in Competency in Buyers: Its Effect on Collaboration and Logistics Efficiency. International Journal of Operations & Production Management, 2011 (1).

[23] Hsieh S, Tsai K. C. AROM Oriented Class Based Storage Assignment in an Automated Storage Retrieval System. International Journal of Advanced Manufacturing Technology, 2001 (7).

[24] Hummels, David, Peter Klenow. The Variety and Quality of a Nation's Trade. NBER Working Paper No. 8712. National Bureau of Economic Research, Cambridge, Mass. 2001.

[25] Joel Honeyman. Supply Chain Management: Implications for Small and Rural Economic Development. CLM 1996.

[26] Johnson, P. Fraster, Michiel R, Lenders. The Supply Organizational Structure Dilemma. Journal of Supply Chain Management, 2001.

[27] John Paul Quinn. Driving East Shifting into 4PL. Logistics Management, 2003 (9).

[28] James C. R. Designing Learning Organizations. Organizational Dynamics, 2003 (1).

[29] Jiuh-Biing Sheu. A Coordinated Reverse Logistics System for Regional Management of Multi-source Hazardous Wastes. Computers & Operations Research, 2007 (10).

[30] Karpowicz M. Dynamic Resource Allocation Mechanism for Network Interconnection Management. Lecture Notes in Computer Science, 2006.

[31] Li K. Y, Willis R. J. Iterative Scheduling Technique for Resource-constrained Project Scheduling. European Journal of Operational Research, 1992 (3).

[32] Lapide L. What About Measuring Supply Chain Performance. MR Research, http: //lapide. ASCET. com.

[33] Lee H. L. Information Sharing in a Supply Chain. Int. J. Technology Management, 2000 (3/4).

[34] Limao Nuno, Anthony J. Venables. Infrastructure, Geographical Disadvantage, Transport Costs, and Trade. The World Bank Economic Review, 2001 (15).

[35] Miles, Regory. Virtual Logistics. New York: International Business, 1994 (11).

[36] Ma C. S, Miller R. H. MILP Optimal Path Planning for Real-time Applications. Proceedings of the 2006 American Control Conference, 2006.

[37] Martin Christopher. Logistics and Supply Chain Management. Pirmin Publishing, London, 1998 (8).

[38] Moussaoui O, Ksentini A, Naimi M, Gueroui M. A Novel Clustering Algorithm for Efficient Energy Saving in Wireless Sensor Networks. International Symposium on Computer Networks, 2006.

[39] Murphy R. J. Field Performance of a Digital Transient Surge Recorder. IEEE Transactions on Power Delivery, 1990 (2).

[40] McGrath, J. E. Groups: Interaction and Performance. Prentice-Hall, Englewood Cliffs, NJ, 1964.

[41] Naiqi Wu, Ping Su. Selection of Partners in Virtual Enterprise Paradigm. Robotics and Computer-Integrated Manufacturing, 2005 (2).

[42] Nishi T, Konishi M. An Optimisation Model and Its Effective Beam Search Heuristics for Floor-storage Warehousing Systems. International Journal of Production Research , 2010 (7).

[43] P. Pontrandolfo, O. G. Okogbaa. Global Manufacturing: A Review and a Framework for Planningina Global Corporat ion. INT. J. Res, 1999 (1).

[44] Perry A. Trunick. Peach of all Offer. Transportation & Distribution, Cleveland, 2003 (6).

[45] Steven L. Goldman, Roger N. Nagel, Kenneth Preiss. Agile Competitors

and Virtual Organizations. Van Nostrand Renhold, 1994.
[46] Sheu J. B. A Novel Dynamic Resource Allocation Model for Demand-responsive City Logistics Distribution Operations. Transportation Research Part E-Logistics and Transportation Review, 2006 (6).
[47] Thomas D, Griffin P. Coordinated Supply Chain Management. European Journal of Operational research, 1996 (10).
[48] Tyworth J. E, Zeng A. Z. Estimating the Effects of Carrier Transit-time Performance on Logistics Cost and Service. Transpn. Res. A, 1998 (2).
[49] Tage Skjott-Larsen, Sten Wandel, Ulf Paulsson. Logistics in the Oresund region after the Bridge. European Journal of Operational Research, 2003 (4).
[50] Tage Skjott-Larsen, Ulf Paulsson, Sten Wandel. Logistics in the Oresund Region after the Bridge. European Journal of Operational Research, 2003 (8).
[51] TaliEilam Tzoreff, Daniel Granot. The Vehicle Route Problem with Pick up and Delivery on Some Special Graphs. Discrete Applied Mathematics, 2002 (8).
[52] Thonemann U. W, Brandeau M. L. Optimal Storage Assign Met Policies for Automated Storage and Retrieval Systems with Stochastic Demands. Management Science, 1998 (1).
[53] Walton J, Whicker L. Virtual Enterprise: Myth and Reality. Journal of Control, 1996 (3).
[54] W. Lemoine, Lars Dagnfis. Clobalisation Stratergiesand Business Organi sation of a Network of Logistics Service Providers. International Journal of Physical Distribution & Logistics Management, 2003 (3).
[55] Xiande Zhao, Jinxing Xie, W. J. Zhang. The Impact of Information Sharing and Ordering Coordination on Supply Chain Performance. Supply Chain Management, 2002 (1).
[56] Yang D. N. Efficient Resource Allocation for Wireless Multicast. Transactions On Mobile Computing, 2008 (4).
[57] Young bong, Kim, Keunhyuk Yeom . A Framework for Rapid Development of RFID Application. Department of Computer Engineering, 2010 (5).

[58] Zhang Y. M, Huang G. H, He L. An Inexact Reverse Logistics Model for Municipal Solid Waste management Systems. Journal of Environmental Management, 2011 (3).

[59] 陈静华:《石油商品仓储物流管控一体化建设》,《科技传播》,2012年第7期。

[60] 陈永亮:《中石油销售企业物流配送策划研究》,《物流技术》(装备版),2012年第8期。

[61] 蔡德洪:《对提高成品油公路配送效率的思考》,《国际石油经济》,2014年第5期。

[62] 陈利民、朱江、何倩:《连锁企业配送中心选址的两阶段模型研究》,《物流技术》,2012年第8期。

[63] 陈辉:《浅议成品油仓储设施整合对区域经济的影响》,《中国集体经济》,2008年第8期。

[64] 程珩、牟瑞芳:《物流配送中心选址的重心法探讨》,《交通运输工程与信息学报》,2013年第1期。

[65] 崔永杰:《多分辨率多目标物流配送中心选址模型研究》,《物流科技》,2013年第1期。

[66] 陈雪梅、宋义伟、郝瑞梅等:《大型油库储油罐区安全设计》,《油气田地面工程》,2011年第8期。

[67] 杜小好:《浅谈现代化仓储管理》,《现代工业经济和信息化》,2012年第10期。

[68] 段其昌、王玮:《自动化立体仓库库位螺旋优化方法》,《工业工程与管理》,2009年第2期。

[69] 丁怡、胡昊:《电子商务企业的自营物流模式》,《物流工程与管理》,2011年第1期。

[70] 邓爱民:《基于时间的自动化立体仓库货位优化模型研究》,《中国管理科学》,2013年第12期。

[71] 戴韬:《基于分类随机策略的立体仓库货位优化研究》,《技术与方法》,2012年第9期。

[72] 邓晓强:《基于 BPR 的物流作业流程设计在公司的应用》,《江苏科技信息》,2011年第11期。

[73] 冯芬玲、景莉、杨柳文:《基于改进 SLP 的铁路物流中心功能区布局方法》,《中国铁道科学》,2012年第2期。

［74］官建成、张爱军：《技术与组织的集成创新研究》，《中国软科学》，2002年第12期。
［75］高军、王睿：《企业物流成本控制措施探析》，《现代管理科学》，2010年第1期。
［76］郜振华、陈森发、黄鹍、赵庆建：《基于灰色综合评价的物流中心选址方法》，《公路交通科技》，2005年第9期。
［77］郭云涛：《石油企业可持续供应链管理成熟程度模型框架研究》，《物流科技》，2015年第10期。
［78］桂寿平、朱强、陆丽芳、吕英俊、桂程飞：《区域物流系统动力学模型及其算法分析》，《华南理工大学学报》，2003年第10期。
［79］龚雅云：《第三方物流的优劣势分析》，《中国商贸》，2010年第6期。
［80］巩国强：《区域物流产业组织及区域背景影响研究——以青岛市为例》，中国海洋大学硕士学位论文，2009年。
［81］何添锦：《区域物流对城市群经济协调发展要素的作用机理》，《中国物流与采购》，2010年第2期。
［82］何振彪：《提高物流中心作业效率的利器——货位规划与调整》，《物流技术》，2002年第3期。
［83］黄文玉：《基于优化遗传算法的多配送中心车辆路径研究》，《科技视野》，2015年第5期。
［84］海峰、张丽立、安进：《怎样认识区域物流》，《中国物流与采购》，2003年第10期。
［85］胡云峰：《0-1整数规划在医药配送中心选址中的应用研究》，《物流工程与管理》，2014年第4期。
［86］胡乐天：《中石化湖南石油分公司物流体制改革与物流优化研究》，中南大学硕士学位论文，2006年。
［87］胡浩云、贾艳辉：《浅析整数规划法求解生产资源分配问题》，《中国校外教育》，2008年第2期。
［88］胡志华、孙志强、郭晓汾：《基于模糊预约时间窗的车辆调度问题研究》，《交通科技与经济》，2008年第2期。
［89］金祖德等：《物流战略及其模式选择探析》，《物流评价》，2004年第9期。
［90］金凤花、李全喜、孙磐石：《基于场论的区域物流发展水平评价及聚

类分析》，《经济地理》，2010 年第 7 期。
[91] 荆心：《基于物联网的物流信息系统体系结构研究》，《科技信息》，2010 年第 20 期。
[92] 荆瀛：《中石化科学管理营销模式探析》，《中国石油化工标准与质量》，2013 年第 11 期。
[93] 李坤、唐立新：《多集装箱堆场空间分配与车辆调度集成问题的建模与优化》，《系统工程理论与实践》，2014 年第 1 期。
[94] 刘航：《虚拟资源导向的配送中心 IPO-2L 模式研究与应用》，北京交通大学硕士学位论文，2012 年。
[95] 李瑞杰：《配送中心布局规划仿真与评价》，北京交通大学硕士学位论文，2010 年。
[96] 李亚茹、张庆年：《物流中心选址规划方案评价方法》，《公路交通科技》，2010 年第 2 期。
[97] 李虹等：《物流在我国的发展与应用》，《北京邮电大学学报》，2003 年第 4 期。
[98] 李芳、乞建勋：《AHP 法在虚拟物流中心伙伴选择中的应用》，《华北电力大学学报》，2004 年第 6 期。
[99] 李华、李金华：《模糊综合评判在区域物流中心规划中的应用》，《统计与决策》，2005 年第 12 期。
[100] 李倍：《综合型物流中心功能》，《机械管理开发》，2010 年第 5 期。
[101] 柳键、邱国斌：《基于 DEA 模型的我国物流投入产出效率分析》，《物流工程与管理》，2011 年第 1 期。
[102] 李斌、陈景：《第三方物流企业协同关系的演化博弈》，《统计与决策》，2011 年第 3 期。
[103] 林丽华：《精益生产理论在供应链库存管理中的应用》，《厦门科技》，2013 年第 3 期。
[104] 李玉明、王海宏：《基于 DEA 方法的企业物流系统绩效评价模型探讨》，《物流科技》，2006 年第 8 期。
[105] 林丽霞：《从系统论的角度看协作学习的系统特性》，《网络科技时代》，2007 年第 7 期。
[106] 李刚：《企业组织结构创新的机理与方法研究》，武汉理工大学硕士士学位论文，2007 年。
[107] 卢志滨、叶蔓：《城市公共物流功能与信息平台结构设计》，《物流

科技》，2012 年第 7 期。

[108] 李志：《区域物流产业构成及其基本特征》，《中国流通经济》，2008 年第 4 期。

[109] 刘璠：《第四方物流企业协同运作研究》，武汉理工大学博士学位论文，2009 年。

[110] 李化：《基于 DEA 的第三方物流企业绩效评价》，《沈阳工程学院学报》（社会科学版），2010 年第 2 期。

[111] 牟宁、余开朝：《面向制造业的第三方物流企业服务能力评价研究》，《现代制造工程》，2010 年第 2 期。

[112] 钮臻辉：《水果物流配送中心选址方法研究》，大连交通大学硕士学位论文，2014 年。

[113] 秦进、倪玲霖、缪立新：《多级多商品流物流网络设计的优化模型与组合模拟退火算法》，《计算机应用研究》，2010 年第 10 期。

[114] 秋子、叶子芬：《对物流中心信息系统设计的研究》，《物流网》，2002 年第 3 期。

[115] 沈荃、曹俊：《成品油供应链优化策略研究》，《物流科技》，2014 年第 11 期。

[116] 孙永风、杨秀：《中国成品油销售企业物流优化探析》，《国际石油经济》，2011 年第 8 期。

[117] 沈杰：《物流中心规划设计的研究与探讨》，《物流技术》，2002 年第 12 期。

[118] 邵举平、莆绍华：《综合型物流中心功能设计和选址模型》，《物流技术》，2004 年第 12 期。

[119] 石明虹、腾芳：《基于作业成本法的企业内部物流成本初探》，《集团经济研究》，2006 年第 9 期。

[120] 帅斌：《物流产业结构的 DEA/PCA 评价》，《西南交通大学学报》，2006 年第 5 期。

[121] 田帅辉、王旭：《物流资源整合系统的两阶段利益分配策略研究》，《计算机工程与应用》，2014 年第 3 期。

[122] 唐建荣、刘淑芬：《基于 DEA 的上市物流企业绩效评价研究》，《合作经济与科技》，2015 年第 10 期。

[123] 田珏、桂岚、李增光：《一种结合最短路径的运输问题求解方法》，《公路与汽运》，2008 年第 2 期。

[124] 田秋荣、李仲兴:《基于遗传算法的无时限多配送中心车辆调度问题研究》,《商场现代化》,2008 年第 11 期。
[125] 王压帝:《欧洲物流园区的形成》,《交通世界》,2003 年第 1 期。
[126] 王瑛、孙林岩、陈宏:《基于两阶段法的物流系统综合评价 DEA/AHP 法》,《长安大学学报》,2003 年第 3 期。
[127] 汪波、禤书怡:《基于指标满意度算法的物流中心选址方法》,《工业工程》,2004 年第 2 期。
[128] 吴坚、史衷科:《区域物流系统的优化模型》,《华南理工大学学报》,2004 年第 8 期。
[129] 王志民:《成品油销售企业直分销营销管理研究——以中石化森美公司为例》,厦门大学硕士学位论文,2014 年。
[130] 汪晓霞、郑吉春、李妙然:《物流中心选址动态双钻石评价方法》,《北京科技大学学报》,2005 年第 3 期。
[131] 王华:《基于 Dijkstra 算法的物流配送最短路径算法比较研究》,《计算机与教学工程》,2011 年第 3 期。
[132] 王燕:《GIS/GPS 技术在物流信息系统设计中的应用》,《物流技术》,2013 年第 1 期。
[133] 王金成、韩增林:《关于我国区域物流体系建设的思考》,《人文地理》,2005 年第 8 期。
[134] 宛磊、余晓钟:《省级石油销售企业营销体制改革探讨》,《国际石油经济》,2005 年第 1 期。
[135] 王奎:《中国石油天然气股份有限公司黑龙江销售分公司大庆物流配送中心》,《齐齐哈尔年鉴》,2010 年。
[136] 汪永兰、贾思媛:《企业物流成本会计核算及改进策略》,《财会月刊(综合版)》,2010 年第 8 期。
[137] 吴璟、苏强:《基于路径、周转率、拣货成本系数的线性规划在货位优化中的应用》,《中国高新技术企业》,2011 年第 13 期。
[138] 吴明涛:《成品油物流成本控制探讨》,《物流科技》,2008 年第 12 期。
[139] 王志勇:《成品油销售企业物流信息化建设的思考》,《石油库与加油站》,2010 年第 1 期。
[140] 卫三军:《自动化立体仓库作业优化与监控技术研究》,东华大学硕士学位论文,2011 年。

[141] 王海瑞、李国俊、章楠等：《乌鲁木齐中通快递配送中心选址问题研究——基于重心法和遗传算法》，《物流科技》，2015年第6期。
[142] 夏萍：《制造企业物流成本核算体系构建》，《财会月刊》，2013年第5期。
[143] 徐斌、诸葛承祥、高健：《基于信息熵—灰色关联法的物流配送中心选址模型研究》，《物流技术》，2011年第5期。
[144] 许胜礼、王世卿、毕战科：《基于GIS技术的物流信息系统设计架构》，《计算机工程与设计》，2010年第6期。
[145] 徐利民、马良成、方芳：《仓储中心的动态规划选址及应用》，《武汉理工大学学报》(交通科学与工程版)，2003年第2期。
[146] 许俊、陈守东：《张北阳物流中心及其绩效评价分析》，《工业技术经济》，2004年第12期。
[147] 夏书轩：《知识经济时代物流业发展趋势》，《辽宁交通科技》，2004年第12期。
[148] 许箫迪、王子龙：《基于战略联盟的企业协同创新模型研究科学管理研究》，2005年第6期。
[149] 徐勤全、程国全：《基于IDEF物流中心作业流程建模方法研究》，《物流技术》，2005年第9期。
[150] 徐庆征、柯熙政：《求解最短路径的遗传算法中若干问题的讨论》，《计算机工程与设计》，2008年第6期。
[151] 谢津津：《优化成品油物流应提上日程》，《浙江经济》，2009年第6期。
[152] 徐彗星：《物流配送中心作业流程的统筹优化》，《物流技术》，2009年第3期。
[153] 肖君鑫：《中国石油化工公司发展战略的研究》，厦门大学硕士学位论文，2007年。
[154] 杨晓东：《物流中心的设置与比较分析》，《铁路采购与物流》，2010年第7期。
[155] 姚玲：《建筑施工企业物流成本控制绩效评价研究》，合肥工业大学硕士学位论文，2012年。
[156] 杨子清：《石油区域物流中心选址及设施规划研究》，《物流工程与管理》，2012年第3期。
[157] 杨翠：《物流公共信息平台建设问题研究》，《物流技术》，2012年

第 7 期。

[158] 叶艺勇：《物流企业绩效评价方法的实证研究》，《物流科技》，2015 年第 2 期。

[159] 杨静：《基于城市规划环境的石油物流中心建设条件及仓储物流用地布局研究》，《物流技术》，2014 年第 10 期。

[160] 袁海东：《构建“四位一体”的加油站营销模式》，《中国石化》，2011 年第 2 版。

[161] 杨头平：《现代物流中心信息系统分析》，《物流技术》，2005 年第 1 期。

[162] 易兰华：《第三方物流合作机制的博弈分析与发展对策研究》，《商场现代化》，2006 年第 3 期。

[163] 叶春明：《多配送中心物流配送车辆调度问题的分层算法模型》，《系统管理学报》，2014 年第 4 期。

[164] 赵杉：《基于灰色—层次分析法的物流配送中心选址问题的研究》，《商场现代化》，2012 年第 5 期。

[165] 张默、王琛：《物流成本控制的协同方式探讨》，《经济论坛》，2011 年第 1 期。

[166] 张宝新：《现代物流中心内部规划与设计探讨》，《铁路采购与物流》，2012 年第 8 期。

[167] 朱书婷：《现代物流中心信息平台的总体架构》，《物流网站》，2002 年第 3 期。

[168] 占芝杰：《基于准时制物流配送运作的研究与应用》，北京交通大学硕士学位论文，2012 年。

[169] 张庆英、曾毅：《冷链物流中心设备管理信息系统的研究》，《物流工程与管理》，2010 年第 10 期 。

[170] 张纪海、肖甜、李婷：《中国成品油供应链现状，问题及建议——以中国石油化工集团公司为例》，《中国能源》，2011 年第 10 期。

[171] 张金良、谭忠富：《基于 EMD，计量经济学模型和混沌模型的短期负荷预测》，《电网技术》，2011 年第 9 期。

[172] 张强、李立华：《基于混沌理论的金融系统稳定性研究》，《经济数学》，2011 年第 4 期。

[173] 张令荣、杨梅：《基于价值链的企业物流一体化成本分析方法研究》，《大连理工大学学报》（社会科学版），2005 年第 26 期。

[174] 张仰森、刘安宇：《智能化立体仓库入库货位分配的综合优化算法》，《计算机科学》，2010 年第 12 期。
[175] 周述文：《综合评判法在物流中心选址中的应用初探》，《经济师》，2011 年第 3 期。
[176] 张文华：《基于节约里程法的物流配送路径优化》，《物流工程与管理》，2012 年第 3 期。
[177] 占义芳：《基于软时间窗节约里程法在某物流公司的应用》，《物流工程与管理》，2015 年第 4 期。
[178] 张美丽、石春生：《企业组织创新与技术创新匹配效应涌现的机理研究》，《软科学》，2013 年第 6 期。
[179] 朱坤萍：《区域物流与区域经济发展的互动机理》，《河北学刊》，2007 年第 2 期。
[180] 张平、王健：《国外发展农产品物流的成功经验及启示》，《大庆师范学院学报》，2008 年第 4 期。
[181] 张中强：《基于制造业视角的第三方物流外包服务揽接能力研究》，《管理世界》，2012 年第 9 期。
[182] 张同耀：《市场营销推广领域应用第三方物流的优势分析》，《中国市场》，2008 年第 10 期。
[183] 周雄江：《成品油管道下载油库选址的探讨》，《石油库与加油站》，2010 年第 3 期。
[184] 钟哲辉、张殿业：《基于博弈机制的物流信息共享研究》，《经济问题》，2009 年第 6 期。